COURS ÉLÉMENTAIRE

DE

GÉOGRAPHIE

PHYSIQUE ET POLITIQUE

A L'USAGE DES LYCÉES

ET DE TOUS LES ÉTABLISSEMENTS D'INSTRUCTION PUBLIQUE

POUR ACCOMPAGNER

L'ATLAS DE GÉOGRAPHIE

DE

M. J. BABINET

MEMBRE DE L'INSTITUT (ACADÉMIE DES SCIENCES), EXAMINATEUR A L'ÉCOLE POLYTECHNIQUE

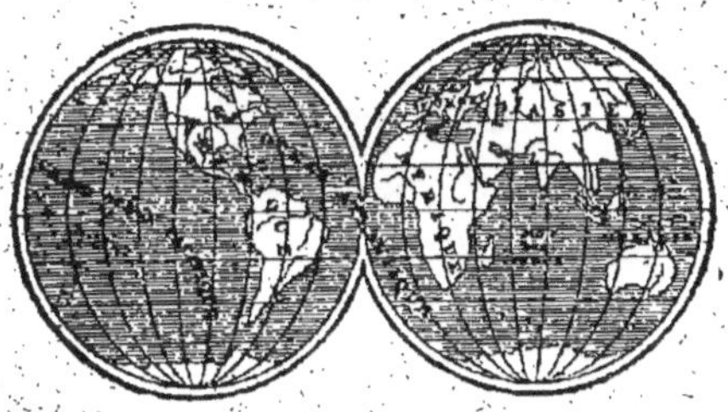

PARIS

ERNEST BOURDIN, ÉDITEUR

MEMBRE DE LA SOCIÉTÉ DE GÉOGRAPHIE

51, RUE DE SEINE, 51

1860

NOUVELLE

GÉOGRAPHIE

Tout exemplaire de cet ouvrage qui ne sera pas revêtu de ma griffe
sera réputé contrefait.

PARIS, IMPRIMERIE DE PAUL DUPONT, RUE DE GRENELLE-SAINT-HONORÉ, 45.

NOUVELLE GÉOGRAPHIE

PHYSIQUE ET POLITIQUE

A L'USAGE DES LYCÉES

ET AUTRES ÉTABLISSEMENTS D'INSTRUCTION PUBLIQUE

RÉDIGÉ CONFORMÉMENT

AU DERNIER PROGRAMME OFFICIEL DE L'UNIVERSITÉ

POUR ACCOMPAGNER

L'ATLAS DE GÉOGRAPHIE

DE

M. BABINET

MEMBRE DE L'INSTITUT (ACADÉMIE DES SCIENCES)

Autorisé par Son Exc. M. le Ministre de l'Instruction publique et des Cultes
en Conseil impérial, par arrêté du 30 Juillet 1860.

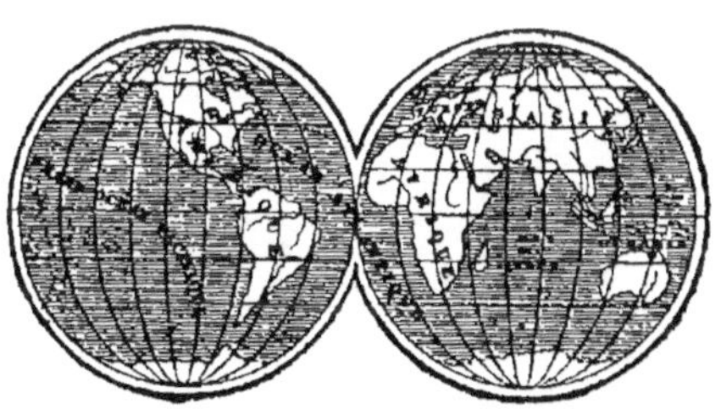

PARIS

<table>
<tr><td>ERNEST BOURDIN, ÉDITEUR,</td><td>LIBRAIRIE HACHETTE ET Cie</td></tr>
<tr><td>51, RUE DE SEINE</td><td>14, RUE PIERRE-SARRAZIN</td></tr>
</table>

1861

COURS ÉLÉMENTAIRE

DE

GÉOGRAPHIE

PARIS. — IMP. SIMON RAÇON ET COMP., RUE D'ERFURTH, 1.

COURS ÉLÉMENTAIRE

DE

GÉOGRAPHIE

PHYSIQUE ET POLITIQUE

A L'USAGE DES LYCÉES

ET DE TOUS LES ÉTABLISSEMENTS D'INSTRUCTION PUBLIQUE

POUR ACCOMPAGNER

L'ATLAS DE GÉOGRAPHIE

DE

M. J. BABINET

MEMBRE DE L'INSTITUT (ACADÉMIE DES SCIENCES), EXAMINATEUR A L'ÉCOLE POLYTECHNIQUE

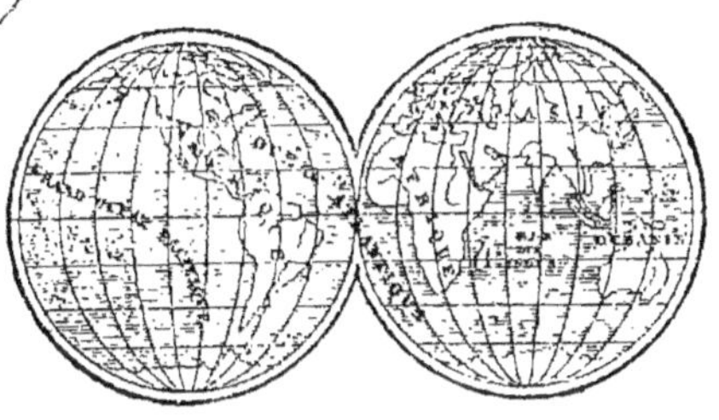

PARIS

ERNEST BOURDIN, ÉDITEUR

MEMBRE DE LA SOCIÉTÉ DE GÉOGRAPHIE

51, RUE DE SEINE, 51

—

1860

GÉOGRAPHIE

PHYSIQUE

DU GLOBE

I

Objet de la Géographie. — Ce qu'on entend par Géographie physique et par Géographie politique. — Définition des principaux termes.

---

§ 1. — Objet de la Géographie.

La Géographie a pour objet la *description de la terre*. Elle doit donc nous faire connaître la position de cette planète dans l'ensemble de l'univers, sa constitution, sa configuration extérieure, les êtres, minéraux, plantes ou animaux qu'elle contient, supporte et nourrit, et enfin les divisions que des conventions motivées ont pu établir entre les diverses agrégations humaines.

§ 2. — Ce qu'on entend par Géographie physique et par Géographie politique.

La *Géographie physique*, bornant ses recherches à la surface terrestre, nous en fait connaître la configuration, les inégalités, les climats divers, les produits et les habitants. La *Géographie politique*, prenant son point de départ dans l'étude de la race humaine, nous enseigne quelles parties de la terre habitent ses diverses nations; elle nous apprend leurs mœurs, leurs formes de gouver-

1

nement et le développement de leur industrie et de leur commerce. — La géographie physique est indispensable pour l'intelligence de la géographie politique et de l'histoire, non-seulement parce que la nature d'un pays a la plus grande influence sur le caractère, les mœurs, le génie du peuple qui l'habite, mais parce que la disposition des lieux, leur *topographie* (description des localités), fait pressentir l'importance et l'avenir des établissements qui y sont fondés.

Autant la Géographie physique est positive, autant la Géographie politique a d'instabilité. La première a rarement à constater des changements dans l'ordre des choses qu'elle étudie, la seconde a peine à suivre les modifications incessantes que l'activité ou la mobilité de l'homme et des sociétés apporte aux faits qu'elle vient de reconnaître : aussi son cadre doit-il comprendre une partie historique, où elle retrace le passé des races humaines.

§ 5. — **Définition des principaux termes.**

TERMES COSMOGRAPHIQUES. — La terre est une planète[1], et est, par conséquent, soumise à un mouvement de rotation sur elle-même et à un mouvement de révolution autour du soleil : le premier s'effectue en 23 heures 56 minutes 4 secondes, ou un *jour*, et le second en 365 jours 5 heures 48 minutes 45 secondes, ou une *année*. — Pour aider à l'intelligence de ces mouvements qu'accomplit la terre, et pour nous guider dans l'étude de sa surface, on a supposé un *axe* autour duquel elle tournerait. Les points extrêmes de cet axe ont été appelés *pôles*. L'un a été nommé *pôle arctique*; l'autre a reçu par opposition le nom de *pôle antarctique*. Puis on a figuré, à égale distance des deux pôles, une ligne imaginaire appelée *équateur*, qui partage la terre en deux parties ou hémisphères, dont l'une, *boréale* ou *septentrionale*, est du côté du pôle arctique, et l'autre, *australe* ou *méridionale*, se trouve du côté du pôle antarctique.

Perpendiculairement à l'équateur ont été tracés des cercles qui

[1] La terre est souvent désignée par le nom de *Globe terrestre*, qui lui est donné à cause de sa forme sphéroïde. Une des preuves les plus sensibles de la rotondité de la terre, c'est que son ombre, marquée sur la lune, dans le temps des éclipses, est ronde.

passent par les *pôles*, et sont connus sous le nom de *méridiens*, parce qu'il est midi et minuit en même temps pour tous les êtres qui se trouvent dans leur tracé. La distance d'un lieu à un méridien convenu est ce qu'on appelle la *longitude* de ce lieu · chaque nation a adopté un méridien particulier : en France, nous marquons la longitude des différents points du globe à partir du méridien qui passe par l'Observatoire de Paris. On dit que la longitude est *orientale* si le lieu est situé du côté où le soleil semble se lever pour le méridien convenu; elle est *occidentale* si le lieu est du côté où le soleil semble se coucher.

Parallèlement à l'équateur, d'autres cercles, connus sous le nom de *parallèles*, marquent la *latitude* des lieux terrestres, c'est-à-dire leur distance à l'équateur. Il suit de là que la latitude d'un lieu est *boréale* ou *australe*, suivant l'hémisphère dans lequel il est placé. — On a tracé 180 parallèles ou degrés de latitude, tous à égale distance les unes des autres, et 360 méridiens ou degrés de longitude dont l'écartement va toujours diminuant à mesure qu'ils se rapprochent des pôles, où ils passent tous. — Enfin, pour arriver à une détermination de plus en plus exacte de la position des différents lieux, on a divisé chaque degré en 60 minutes, chaque minute en 60 secondes.

D'après ce que nous venons de dire, on voit que, pour déterminer la position d'un lieu, il suffit de connaître sa longitude et sa latitude : ainsi une ville est-elle à 20 degrés 30 minutes 25 secondes de longitude, et à 30 degrés 20 minutes 40 secondes de latitude boréale, cela veut dire qu'elle est située sur le méridien qui coupe l'équateur à 20° 30′ 25″ du méridien convenu et sur le parallèle de l'hémisphère boréal, qui est à 30° 20′ 40″ au-dessus de l'équateur.

Nous avons dit que l'un des pôles s'appelle arctique, et l'autre antarctique; nous devons ajouter que le premier se nomme aussi pôle *boréal*, *nord* et *septentrion*, et que le second prend les noms de pôle *austral, sud* et *midi*. — L'*orient* (*oriens*, qui se lève), ou côté vers lequel le soleil nous apparaît, se nomme aussi *est* ou *levant*, tandis que l'*occident*, côté où cet astre semble se coucher, porte les noms d'*ouest* et de *couchant*. Entre ces quatre points appelés *cardinaux*, on a supposé vingt-huit autres points qui, avec eux, forment la *rose des vents*.

Dans sa course autour du soleil, la terre suit une ligne qui forme, avec l'équateur, un angle de 23° 27' 40" : deux cercles appelés *tropiques*, et parallèles à l'équateur, marquent au nord et au sud les points extrêmes de cette inclinaison, et circonscrivent un espace qui reçoit deux fois par an les rayons verticaux du soleil : cet espace forme la *zone torride*, large, par conséquent, de 46° 55' 20", et comprenant 522 myriamètres. Des tropiques jusqu'à 23° 27' 57" des deux pôles s'étendent des régions que limitent deux nouveaux cercles appelés *cercles polaires :* elles ne reçoivent jamais les rayons verticaux du soleil, et forment les *zones tempérées.* — Enfin, des cercles polaires aux pôles, l'obliquité des rayons solaires et des nuits de plusieurs mois occasionnent des froids excessifs et marquent ce qu'on appelle les *zones glaciales.*

Les différentes conventions que nous venons d'énumérer ont rendu possible la construction de sphères et de cartes qui représentent la terre dans ses divisions physiques et politiques.

TERMES DE GÉOGRAPHIE PHYSIQUE. — On appelle *continents* les plus grands espaces de terre entourés d'eau ; — *îles*, des espaces moindres que les continents ; — *archipel*, une agglomération d'îles. — *Presqu'île, péninsule* ou *chersonèse* désignent des portions de terre qui ne se relient à d'autres plus importantes que par une langue ou espace étroit nommé *isthme*. — On appelle *côte* la ligne terrestre qui est baignée par la mer. — Lorsqu'une portion importante de côte fait saillie dans la mer, elle prend le nom de *promontoire* ou de *cap*. — Une côte escarpée constitue une *falaise;* si elle descend en pente vers la mer, elle forme une *plage*.

L'*Orographie* est l'étude des *montagnes :* Les montagnes sont des saillies considérables s'élevant à la surface de la terre et ayant une inclinaison marquée : les deux côtés d'une montagne portent les noms de *flancs, revers ou versants*. — Le mot *mont* s'applique plus particulièrement au point culminant d'une chaîne (mont Blanc, le mont Saint-Bernard, etc.) ou au relèvement isolé d'une chaîne (mont Vésuve, mont Etna, etc.). Les *plateaux* ne diffèrent des montagnes que par des inclinaisons moins rapides et des surfaces peu accidentées et plus étendues : ce sont souvent de grandes terrasses, que l'on peut considérer comme les noyaux des continents, ou comme des troncs dont les chaînes de montagnes forment les branches. — En général les chaînes de montagnes se relient, dans chaque continent, les unes aux autres, et, si quelques-unes paraissent isolées comme celles de la Suède, une étude plus attentive ne tarde pas à trouver leur point d'union [1].

Une suite non interrompue de montagnes constitue une *chaîne*; quand plusieurs chaînes se rencontrent, elles forment un *groupe* ou *massif*, et leur point de jonction s'appelle *nœud* : plusieurs groupes font un *système*. On nomme *chaîne principale* d'un groupe ou d'un *système* celle qui donne naissance à des cours d'eau se jetant dans la mer.

Les continents et les îles présentent généralement autant de chaînes principales qu'il y a de grandes lignes de côtes marquées sur leur contour : ont-ils la forme d'une ellipse, la chaîne principale sera tracée dans le sens de la longueur et pourra être considérée comme l'axe de l'ellipse : voyez Sumatra, Madagascar, etc. La côte présente-t-elle la forme d'un triangle, comme en Sicile : le système des hauteurs se divise alors en trois chaînes principales se détachant d'un même nœud. Si le continent ou l'île est de forme circulaire, il arrivera, comme à Ceylan, que les montagnes partiront d'un point culminant ou *pic*; ou, comme dans l'Australie, qu'elles offriront des lignes parallèles aux côtes, et auront alors un versant portant ses eaux vers la mer, tandis que l'autre les dirigera vers un réservoir intérieur appelé *lac* ou mer intérieure. — Bien des modifications sont apportées à ces règles; mais ce qui reste constant, c'est que les *chaînes principales* sont celles qui marquent les pentes ou *versants maritimes* : leurs sommets constituent ce qu'on appelle le *faîte* ou la *ligne de partage des eaux*.

---

[1] Le plus léger examen d'un planisphère suffit pour nous faire voir qu'une ligne immense de montagnes, partant du cap Horn, traverse l'Amérique du Sud, et l'Amérique du Nord qu'elle atteint par l'isthme de Panama ; qu'après avoir subi une dépression au détroit de Behring, elle reparaît dans la Sibérie, enveloppe le plateau central de l'Asie, trace celui de la Perse, forme le massif de l'Ararat, puis, redescendant vers le sud, arrive par le mont Liban à l'isthme de Suez, par lequel elle pénètre en Afrique; qu'elle suit alors la mer Rouge, crée le massif de l'Abyssinie, et va aboutir au cap de Bonne-Espérance par une suite de montagnes soupçonnées plus souvent que connues, et qui longent la côte orientale sous les noms de monts de Zanguebar, de Mozambique et de Cafrerie. Les chaînes de l'Europe se rattachent à cette grande ligne par les Balkans que le Bosphore sépare à peine des montagnes de l'Asie-Mineure, c'est-à-dire des contreforts de l'Ararat.

De la chaîne principale se détachent des *contreforts* ou *chaînes de deuxième ordre*, qui lui sont plus ou moins perpendiculaires et divisent sa pente générale en *versants secondaires*. — Parallèlement à la chaîne principale et perpendiculaires ou obliques aux chaînes de deuxième ordre, d'où ils partent, existent des *rameaux* ou *chaînes de troisième ordre* qui présentent de nouveaux versants appelés *tertiaires*. D'autres ramifications modifient encore la configuration du sol, mais ce que nous venons de dire suffit pour faire comprendre la classification des montagnes.

Le sommet ou plus haut point d'une montagne s'appelle *cime* : s'il est élancé, on le nomme *aiguille, dent, corne*; s'il est conique, c'est un *pic*, un *puy* ou un *piton*.

Quelques sommets de montagnes se présentent sous la forme d'immenses calottes de neiges durcies, ce sont des *glaciers*.

D'autres jettent des flammes, des cendres, des matières en fusion par une ouverture ou *cratère* qui affecte la forme d'un cône renversé : ces montagnes sont des *volcans* dont le rôle semble être de servir de voies de dégagement aux gaz produits par le feu qui forme vraisemblablement le noyau terrestre. Aux volcans se rattachent les *tremblements de terre*, mouvements convulsifs qui, pour livrer passage à des flammes et à des vapeurs, tantôt crevassent la surface de la terre, et tantôt changent complétement la configuration de certaines de ses parties.

Entre les différents sommets dont se compose le *faîte* d'une chaîne de montagnes existent nécessairement des dépressions : elles servent de passage d'un versant à l'autre, et portent les noms de *cols*, *ports*, *défilés*, *pertuis*, *pas* ou *gorges*.

On appelle *vallée* tout espace d'une certaine étendue compris entre deux chaînes de montagnes. La vallée est dite *principale*, si, partant d'une ligne de faîte, elle s'étend jusqu'à la côte : elle est secondaire, tertiaire, etc., suivant qu'elle part d'une chaîne de deuxième, de troisième ordre, etc.

On appelle *collines*, *coteaux*, *mamelons*, des hauteurs moindres que les montagnes; *dunes*, les collines de sable qui bordent quelquefois les côtes.

La terre présente des surfaces horizontales, peu ondulées et d'une certaine étendue : ce sont des *plaines*. On en rencontre d'immenses couvertes seulement une partie de l'année d'une végétation herbacée très-abondante : on les appelle *steppes* en Europe et en Asie, *karrous* en Afrique, *savanes*, *pampas* ou *llanos* en Amérique. Les plaines arides sont nommées *déserts* ou *landes*, suivant leur plus ou moins d'étendue. Au milieu des déserts apparaissent quelquefois des points d'une admirable fertilité : ce sont des *oasis*.

L'*hydrographie* est la description des eaux répandues sur notre globe.

La *mer* ou *océan* est la grande masse d'eau salée qui occupe les trois quarts de la surface du globe et au-dessus de laquelle s'élèvent les continents et les îles ; elle sert de *bassin* ou de *réservoir* à presque tous les grands cours d'eau de la surface terrestre : comme on l'a divisée en plusieurs parties, chacune de ces parties est devenue elle-même un bassin spécial, tracé par ce que nous avons appelé *versants principaux* ou *maritimes*.

Les *golfes*, les *baies*, sont les échancrures que la mer fait en pénétrant dans les terres : l'industrie de l'homme y trouve souvent pour ses vaisseaux des abris sûrs nommés *ports* ou *hâvres*. Quelquefois l'abri est incomplet et ne protége suffisamment que contre certains vents : c'est alors une *rade*. Si une portion de mer pénètre entre deux terres, elle y prend les noms de *détroit*, de *canal* ou de *pas*.

La mer subit des oscillations régulières et périodiques, par suite de l'attraction que le soleil et la lune exercent sur elle ; ces oscillations, qui ont lieu deux fois par jour, sont connues sous le nom de *marées*, et présentent successivement un mouvement d'ascension, ou *flux*, qui, arrivé à son point extrême, constitue une *haute mer* ou *pleine mer*, puis un mouvement de descente, ou *reflux*, *jusant*, qui, arrivé à son point le plus bas, forme la *basse mer*.

La mer a encore des mouvements qui paraissent lui être propres ; ce sont les *courants*, qu'on ne rencontre que dans certaines de ses parties, et qui portent ses eaux dans des directions particulières.

La terre présente à sa surface de nombreux cours d'eau : leur point de départ est appelé *source* ; leur point d'arrivée dans la mer, *embouchure* ; leur point de rencontre avec un autre cours d'eau, *confluent*. — Si le cours d'eau est important, s'il part d'une chaîne principale de montagnes et se jette dans la mer, c'est un *fleuve*[1], et

---

[1] On a été longtemps en désaccord sur le sens du mot *fleuve*, les uns voulaient l'appliquer à tout cours d'eau qui se rend à la mer ; les autres le restreignaient à ceux dont la source et l'embouchure se trouvent en ligne droite, et à plus de cent lieues marines de distance.

les cours d'eau qui viennent lui apporter leur tribut sont ses *affluents*, et sont appelés *rivières* ou *ruisseaux*, en raison de leur plus ou moins d'étendue. Puisque les fleuves partent des chaînes principales, ils doivent, en général, être perpendiculaires à ces chaînes, c'est-à-dire dans le sens de leurs pentes. Ils parcourent les vallées principales, suivant une ligne qu'on appelle à cause de cela *thalweg* (chemin de la vallée) et qui marque la rencontre des versants des chaînes de deuxième ordre. — Les rivières, nées au contraire sur des chaînes de deuxième, de troisième ordre, ont évidemment leur cours dans les vallées secondaires, tertiaires, etc. — Nous avons dit plus haut que la mer servait de bassin aux eaux des versants principaux; par comparaison, on dit que les fleuves forment les bassins des pentes qui leur apportent le tribut de leurs eaux.

La portion déprimée du sol qui enserre un cours d'eau constitue son *lit*; les bords de ce lit sont des *berges* s'ils sont élevés, des *rives* s'ils s'abaissent en pente douce. — La *rive droite* d'un *fleuve*, d'une rivière, est à la droite d'une personne qui descendrait son cours la face tournée vers le point où l'eau coule; la *rive gauche* est le côté opposé.

Souvent un fleuve arrive perpendiculairement à la mer, et ses eaux sont alors refoulées à une certaine distance dans leur lit : ce refoulement est ce qu'on appelle une *barre d'eau*. — Si, dans leur course, un fleuve, une rivière, se trouvent arrêtés par des obstacles qui barrent leur thalweg, ou ils iront chercher la fin de ces hauteurs pour reprendre leur marche, ou leurs eaux, s'accumulant, atteindront le niveau des obstacles et se précipiteront de l'autre côté : leur chute sera une *cascade* si elle a lieu d'une grande hauteur, et une *cataracte* si elle subit plusieurs ressauts et présente par conséquent une suite de cascades.

Quelquefois les eaux d'un fleuve, ayant des bords de peu d'élévation, se répandent dans une contrée et y forment une suite de nappes d'eau dormante qu'on appelle *marais*. — Sur les côtes de la mer on rencontre aussi des masses d'eau qui ne sont séparées entre elles ou de la mer que par des bandes de terre : on les nomme *lagunes*; elles doivent généralement leur naissance à des fleuves et à des rivières qui, à leur embouchure, se trouvant embarrassés par des sables, s'épandent sur le rivage.

Les lignes de hauteurs qui séparent les divers bassins des fleuves et aussi les rivières entre elles apportent souvent au commerce des obstacles que l'homme fait disparaître à l'aide des *canaux*. Un *canal* n'est autre chose qu'une rivière artificielle, c'est-à-dire creusée par la main des hommes, unissant deux cours d'eau ou deux mers à l'aide d'une succession de *bassins* ou *biefs* étagés comme les marches d'un escalier; des *écluses* ou portes font communiquer ou séparent à volonté ces bassins, et permettent d'élever ou d'abaisser le niveau des eaux.

Termes de géographie politique. — On appelle *État* l'étendue de territoire dont la population est soumise aux mêmes lois; — *gouvernement*, la réunion des forces qui assurent l'exécution des lois à l'intérieur et protégent l'État contre les autres nations. Le gouvernement est *monarchique* quand un seul homme dispose de toutes les forces gouvernementales; *monarchique constitutionnel* quand le peuple fait les lois et que le monarque a pour mission de veiller à leur exécution; *républicain* lorsque la direction des forces gouvernementales appartient aux principaux citoyens ou à toute la nation : dans le premier cas, c'est un gouvernement *républicain aristocratique*; dans le second cas, il est *républicain démocratique*.

Les États portent différents noms comme leurs gouvernements : ce sont des *royaumes*, des *empires*, des *duchés*, etc.; mais ces noms n'impliquent pas des dimensions particulières. — Une *confédération* est la réunion d'un certain nombre d'États indépendants qui, conservant leur administration intérieure distincte, consentent, au point de vue de la défense de leur territoire, à reconnaître une autorité commune.

Tout gouvernement a pour l'exercice de ses devoirs des employés qu'il solde; il lui faut donc des *revenus*, qu'il demande le plus généralement à des *impôts* prélevés sur les personnes, sur les biens des citoyens et aussi sur les objets qu'ils consomment. Souvent aussi il a des domaines particuliers et l'exercice privilégié de certaines industries et de certaines exploitations : cet exercice privilégié s'appelle *monopole*. — Quand les circonstances rendent ces ressources momentanément insuffisantes, le gouvernement emprunte, et ainsi est constituée sa *dette*.

II

Division de la surface du globe en terres et en eaux. — Forme générale
de l'ancien et du nouveau continent.

§ 1. — Division de la surface du globe en terres et en eaux.

La Cosmographie nous apprend que la terre est un globe aplati
aux pôles et renflé vers l'équateur; son demi-diamètre équatorial
est de 6,377,398 mètres, tandis que son demi-diamètre polaire
n'est que de 6,356,080 mètres, ce qui donne, pour l'aplatissement des pôles, 21,318 mètres. — Sa surface est de 509 millions 950,820 kilomètres carrés, dont un quart environ est occupé
par les terres et le reste par les eaux : il suit de là que les terres
ne sont, en réalité, que des îles. Les trois plus grandes ont pris le
nom de *continents*. La première, qui contient l'Europe, l'Asie et
l'Afrique, était en partie connue des anciens, et porte pour cela le
nom d'*ancien continent*. — La seconde, qui comprend les deux
Amériques, constitue le *nouveau continent*, dont la découverte ne
remonte qu'à 1492. — La troisième enfin, nommée *continent
austral*, ou Australie, est à peine égale aux trois quarts de l'Europe, et ne nous est connue que depuis le dix-septième siècle.

Un regard jeté sur la carte nous montre que les terres occupent dans l'hémisphère boréal trois fois plus de surface que dans
l'hémisphère austral.

§ 2. — Forme générale de l'ancien et du nouveau continent.

L'ancien et le nouveau continent consistent en deux masses
dont la forme présente quelques analogies; ils sont coupés, au
nord, dans le sens du 70° parallèle : au sud ils se terminent tous
les deux en pointes ou en pyramides, avec des prolongements
sous-marins que signalent des îles et des bancs; tels sont : l'ar-

chipel de la *Terre de Feu,* au sud de l'Amérique; le banc des *Agullas,* au sud du cap de Bonne-Espérance, la terre de *Van-Diémen,* au sud de la Nouvelle-Hollande ou Australie. Enfin les saillies des continents vers le nord et leurs prolongements vers le sud sont situées presque sur les mêmes méridiens : ainsi le cap des Bonne-Espérance est situé presque sur le méridien du cap Nord; — la péninsule de Malacca, extrémité de l'Asie, sur celui du cap Taïmoura, en Sibérie; — la pointe méridionale de l'Amérique et l'archipel de la Terre de Feu, sur celui de la partie la plus septentrionale de la baie de Baffin.

Dans l'ancien continent, la direction générale des terres se fait dans le sens de leur plus grande largeur de l'ouest à l'est, presque parallèlement à l'équateur; dans le nouveau continent, elle est dans le sens de la longueur et du nord au sud, presque d'un pôle à l'autre. L'ancien et le nouveau continent présentent chacun deux grandes presqu'îles : dans l'ancien, c'est l'Afrique qui se rattache à l'Asie et à l'Europe par l'isthme de Suez; dans le nouveau, c'est l'Amérique méridionale qui est unie à l'Amérique septentrionale par l'isthme de Panama. Les contours de l'ancien continent sont bien plus découpés par la mer que ceux du nouveau monde. Les golfes et presqu'îles y sont bien plus nombreux.

III

Division du monde en cinq parties. — Situation. — Limites.

Division du monde en cinq parties[*].

Les trois continents (l'ancien, le nouveau et l'austral) comprennent cinq divisions :

L'EUROPE, portion occidentale de la masse septentrionale de l'ancien continent, est située entre le 13ᵉ degré de longitude occidentale et le 60ᵉ de longitude orientale du méridien de Paris, et entre le 34ᵉ et le 72ᵉ degré de latitude boréale. Sa plus grande longueur se me-

[*] Voir la *Mappe-Monde* dans l'atlas Babinet.

sure du S. O. au N. E., c'est-à-dire du cap Saint-Vincent, en Espagne, à l'embouchure de la Kara, en Russie, et peut être évaluée à 5,418 kilomètres ; sa plus grande largeur est entre le cap Nord, extrémité septentrionale de la Suède et le cap Matapan, point le plus méridional de la Morée : on l'évalue à 3,840 kilomètres. Sa superficie est de 9,778,040 kil. carrés. La plus grande masse de l'Europe est vers le N. E.; sa partie occidentale présente une suite de presqu'îles et d'îles dont la mer a découpé profondément les côtes. — Cette division de l'ancien monde en est tout à la fois la plus petite et la plus importante, grâce à l'activité et au génie de sa population qui est de 270 millions d'habitants.

L'Asie, à l'est de l'ancien continent, en est la partie la plus étendue : située entre le 24ᵉ degré de longitude orientale et le 172ᵉ de longitude occidentale, et entre le 1ᵉʳ et le 78ᵉ degré de latitude boréale, elle mesure 10,630 kilomètres environ dans sa plus grande longueur, c'est-à-dire de l'isthme de Suez au cap Oriental, et 6,820 kilom. de largeur depuis le cap Taïmourski, en Sibérie, au cap Comorin, extrémité du Dekhan. Sa superficie est de 45,685,920 kilomètres carrés : elle est donc quatre fois et demi aussi grande que l'Europe. A l'est, au sud et à l'ouest, elle présente de grandes presqu'îles; à l'est, ses îles très-nombreuses lui forment une véritable ceinture; l'Asie avec ses îles est peuplée par 657 millions d'habitants.

L'Afrique, qui occupe la partie méridionale de l'ancien continent, est une vaste presqu'île située entre le 35ᵉ degré de latitude méridionale et le 38ᵉ de latitude septentrionale, et entre le 19ᵉ degré de longitude occidentale et le 48ᵉ de longitude orientale. Sa plus grande longueur se mesure du nord au sud, et compte 8,000 kilom. environ depuis le cap Bon jusqu'au cap de Bonne-Espérance; sa plus grande largeur, prise du cap Vert au cap Guardafui, est de 7,600 kilom., et sa superficie de 29,700,000 kilom. carrés. L'Afrique, plus petite que l'Asie, est trois fois plus vaste que l'Europe; elle est peu connue encore, parce que ses côtes offrent peu d'abris aux vaisseaux, et que les chaînes de montagnes qui les bordent, les vastes déserts sablonneux de l'intérieur, semblent autant de barrières opposées à l'explorateur; la totalité de ses habitants est estimée à 62 millions.

L'Amérique, ou nouveau continent, formée de deux grandes presqu'îles, est comprise entre le 75e degré de latitude septentrionale et le 54e de latitude méridionale, et entre le 36e et le 170e degré de longitude occidentale. Elle a 14,000 kilom. dans sa plus grande longueur, du cap Froward au cap du Prince de Galles, et 3,800 kilom. dans sa plus grande largeur, prise du cap San-Roque au cap Blanco. Sa superficie est de 58,000,000 kilom. carrés. — La partie septentrionale de l'Amérique offre de fortes échancrures et des presqu'îles importantes; la partie méridionale, au contraire, a des côtes peu découpées. — Sa population est évaluée à 55 millions d'habitants.

L'Océanie, que l'on compte parmi les cinq parties du monde, doit son nom à la position de ses îles dans le grand Océan; elle est située au sud-est de l'Asie, et s'étend du 90e degré de longitude orientale jusqu'au delà du 110e de longitude occidentale, et du 34e degré de latitude septentrionale jusqu'aux limites des glaces du pôle sud. Sa superficie est évaluée à 10,630,000 kilom. carrés; sa population, à 24 millions d'habitants.

<h1 style="text-align:center">IV</h1>

Division de l'Océan en grandes mers. — Mers intérieures. — Détroits
et isthmes principaux. — Grandes îles du globe.

§ 1. — **Division de l'Océan en grandes mers.**

Comme nous avons déjà eu l'occasion de le dire, il n'y a en réalité qu'une seule mer qui s'étend d'un pôle à l'autre; mais chaque peuple a donné des noms particuliers aux portions qui baignent ses côtes, et les géographes n'ont fait que régulariser ces divisions arbitraires. Ils ont partagé la masse entière en cinq océans : 1° au nord, l'Océan *Glacial Arctique* baigne l'Europe, l'Asie et l'Amérique, et présente des glaces jusqu'au 70e degré de latitude septentrionale; 2° l'Océan *Atlantique*, qui s'étend à l'ouest de l'ancien continent, entre les deux Amériques, l'Europe et l'Afrique ; 5° l'Océan *Glacial Antarctique*, qui commence au 60° degré de latitude méridionale et se prolonge jusqu'au pôle sud ; 4° l'Océan *Indien*, entre l'Afrique à l'ouest, l'Asie au nord et l'Australie à l'est; 5° enfin l'Océan *Pacifique*, ou *Grand Océan*, qui s'étend entre les deux mers Polaires et baigne l'Amérique, l'Asie et l'Océanie.

§ 2. — **Mers intérieures**.

On a encore donné des noms particuliers à certaines portions qui semblent se détacher des Océans pour pénétrer profondément dans les terres, où elles créent de véritables mers intérieures. Nous allons suivre dans leur nomenclature l'ordre d'énumération que nous avons adopté plus haut.

1° Mers intérieures formées par l'Océan Glacial Arctique. — C'est, en Europe, la mer *Blanche*, comprise entre la Laponie au nord, la Finlande à l'ouest et la Russie au sud. — Sur les confins de l'Europe et de l'Asie, la mer de *Kara*, enveloppée au nord par la Nouvelle-Zemble, au sud et à l'est par la Russie d'Europe et la Sibérie. — En Amérique, la mer *Polaire*, qui baigne la terre des Esquimaux, et la mer de *Baffin*, comprise entre le Groënland et les terres de Baffin et de Cumberland. La baie d'*Hudson* est aussi une mer intérieure.

2° Mers intérieures formées par l'Océan Atlantique. — Sur les côtes de l'Europe, la mer *Baltique*, entre la Suède, la Russie et la Prusse ; la mer du *Nord*, entre le Danemark, l'Allemagne, la Hollande, la Grande-Bretagne et les îles Shetland; la mer d'*Irlande*, entre l'Angleterre, l'Écosse et l'Irlande; et la mer *Méditerranée*, qui baigne non-seulement les côtes de l'Europe, mais aussi celles de l'Asie et de l'Afrique : cette vaste mer intérieure a été subdivisée elle-même en mer *Tyrrhénienne*, ou mer de *Toscane*, comprise entre les îles de Corse et de Sardaigne à l'ouest, et les côtes d'Italie à l'est; mer *Adriatique*, entre l'Italie à l'ouest, au nord et au sud, et l'Autriche et la Turquie à l'est; mer *Ionienne*, entre la pointe de l'Italie, la Sicile et la Grèce; *Archipel* (mer principale), entre les îles Cérigo, Candie, Rhodes, les côtes de l'Asie, la Turquie et la Grèce ; mer de *Marmara*, resserrée entre la Turquie d'Europe et la Turquie d'Asie ; mer *Noire*, entre la Turquie d'Europe, la Russie et la Turquie d'Asie : cette mer donne naissance à la mer d'*Azof*, resserrée entre la Crimée et la Russie proprement dite. — Sur les côtes de l'Afrique, l'océan Atlantique n'offre aucune mer intérieure. — Sur les côtes de l'Amérique, il donne naissance à la mer des *Antilles*, placée entre les Antilles, l'Amérique méridionale et l'isthme de Panama.

3° L'océan glacial Antarctique ne présente aucune subdivision.

4° Mers intérieures formées par l'Océan Indien. — La mer *Rouge*, entre la côte orientale de l'Afrique et la côte occidentale de l'Arabie; la mer d'*Oman*, entre l'Arabie et l'Afrique à l'ouest, la Perse au nord et l'Inde anglaise à l'est.

5° Mers intérieures formées par le Grand Océan. — Sur les côtes de l'Asie, la mer de *Behring*, comprise entre les îles Aléoutiennes, l'Amérique russe et le Kamtschatka; la mer d'*Okhostk*, entre le Kamtschatka, les îles Kouriles, la Mandchourie et la Sibérie; la mer du *Japon*, entre la Mandchourie, les îles du Japon et la presqu'île de Corée; la mer *Jaune*, entre la Corée et la Chine; la mer de *Corée*, entre la Chine et les îles Licou-Khicou; la mer de *Chine*, entre la Chine, l'An-Nam, la presqu'île de Malacca, Bornéo et les Philippines. —En Océanie, la mer de *Java*, entre les îles de la Sonde et Bornéo; la mer de *Célèbes*, entre l'île de ce nom, Bornéo et les Philippines.

Nous avons laissé de côté tous les bras de mer qui, bien que très-importants, ne sont connus que sous le nom de golfes : la description particulière de chaque partie du monde nous donnera lieu de les faire connaître.

§ 5. — Détroits principaux.

Si nous suivons toujours l'ordre indiqué plus haut dans les divisions de l'Océan, nous trouvons : — dans l'océan Glacial du nord, le détroit de *Behring*, qui, placé entre l'Asie et l'Amérique, unit l'océan Glacial du nord au Grand Océan; et le détroit de *Davis*, qui fait communiquer l'océan Glacial du nord avec l'océan Atlantique; — dans l'océan Atlantique, le détroit de *Gibraltar*, entre l'Europe et l'Afrique, sert de passage à l'océan Atlantique pour former la plus vaste des mers intérieures. — Dans l'océan Glacial antarctique, nous n'avons que le détroit de *Magellan*. — Dans l'océan Indien, nous trouvons le détroit de *Bab-el-Mandeb*, qui sert de communication entre la mer Rouge et la mer des Indes. — Dans le Grand Océan, les détroits de *Malacca*, entre Sumatra et la presqu'île de Malacca; de la *Sonde*, entre Sumatra et Java, et de *Bass*, entre l'Australie et la Tasmanie, font communiquer la mer des Indes avec l'océan Pacifique.

§ 4. — Isthmes principaux.

Nous n'avons à noter ici que l'isthme de *Suez*, qui rattache l'Afrique à l'Asie, et l'isthme de *Panama*, qui unit les deux Amériques.

§ 5. — Grandes îles du globe.

Dans l'océan Glacial arctique, nous trouvons pour l'Europe la *Nouvelle-Zemble*, au nord-est, et le *Spitzberg*, au nord-ouest; pour l'Amérique, l'*Islande*, le *Groënland* et les *terres Arctiques*.

Dans l'océan Atlantique: pour l'Europe, les *Iles britanniques*, au nord-ouest; la *Corse* et la *Sardaigne*, la *Sicile* et *Candie*, au sud; pour l'Asie, *Chypre*, à l'ouest; pour l'Amérique, *Terre-Neuve*, au nord-est; *Cuba* et *Haïti* dans les Antilles, à l'est de l'isthme qui unit les deux Amériques.

Dans l'océan Glacial antarctique, les îles connues ont peu d'importance.

Dans l'océan Indien, *Madagascar*, à l'est de l'Afrique, et *Ceylan*, au sud de l'Asie.

Dans le Grand Océan: pour l'Asie, les îles du *Japon*; pour l'Océanie, *Sumatra*, *Java*, *Bornéo*, *Luçon*, la *Nouvelle-Guinée* et l'*Australie*.

EUROPE

Limites. — Mers, golfes, et détroits. — Presqu'îles, isthmes et caps. — Grandes îles. — Chaînes de montagnes et volcans. — Fleuves et lacs principaux.

---

§ 1. — Limites.

LIMITES. — L'Europe, extrémité N. O. de l'ancien continent, est bornée au nord par l'*océan Glacial;* à l'ouest par l'*océan Atlantique;* au sud par la mer *Méditerranée* et le *Caucase;* au sud-est par la mer *Caspienne,* et à l'est par le fleuve *Oural,* les monts *Ourals* et la *Kara.*

§ 2. — Mers, golfes et détroits.

Les mers de l'Europe sont profondément découpées :

L'Océan Glacial forme, au nord, la mer *Blanche,* qui elle-même creuse les golfes d'*Onéga* et de la *Dwina.*

L'Océan Atlantique, à l'ouest et au sud de l'Europe, forme : 1° la mer *Baltique,* située entre la Suède, la Russie, la Prusse et les îles du Danemark, et dans laquelle nous remarquons les golfes de *Bothnie,* de *Finlande,* de *Livonie,* de *Dantzick;* 2° la mer du *Nord* ou d'*Allemagne,* qui s'étend des îles Shetland jusqu'au détroit de Calais, et des côtes d'Angleterre jusqu'à l'entrée du

* Voir la carte d'*Europe* dans l'atlas Babinet.

2

canal de Jutland : elle communique avec la mer Baltique par plusieurs détroits, le *Skager-Rack*, le *Kattegat*, le *Sund*, les deux *Belt*, et creuse sur les côtes de Hollande le golfe du *Zuyderzée*; 3° la *Manche*, qui communique avec la mer du Nord par le *Pas-de-Calais* et baigne les côtes de France et d'Angleterre; 4° la mer d'*Irlande*, entre l'Irlande et la Grande-Bretagne, communique avec l'océan Atlantique par le canal du *Nord* et le canal *Saint-George*; 5° le golfe de *Gascogne*, ou mer de *Biscaye*, appelée aussi mer de *France*, sur les côtes occidentales de la France, est limité au sud par les côtes septentrionales de l'Espagne; 6° par le détroit de *Gibraltar*, l'Océan pénètre entre l'Espagne et le Maroc pour creuser la plus grande mer intérieure que nous possédions; et qui à cause de cela est appelée spécialement *Méditerranée*.

La MER MÉDITERRANÉE prend divers noms, suivant les côtes qu'elle arrose : mer *Tyrrhénienne*, entre la Sardaigne, la Sicile et la côte occidentale de l'Italie; mer *Ionienne*, au sud de l'Italie; mer *Adriatique*, entre l'Italie, la Dalmatie et l'Albanie; *Archipel*, entre la Grèce et Candie, les côtes de la Turquie d'Asie et la Turquie d'Europe; mer de *Marmara*, entre la Turquie d'Asie et la Turquie d'Europe; mer *Noire* et mer d'*Azof*, entre les côtes orientales de la Turquie d'Europe, les côtes méridionales de la Russie et les côtes septentrionales de la Turquie d'Asie. Ces diverses mers communiquent entre elles par des détroits ou canaux; le détroit de *Messine*, entre la mer Tyrrhénienne et la mer Ionienne; le canal d'*Otrante*, entre la mer Ionienne et la mer Adriatique; le détroit des *Dardanelles*, entre l'Archipel et la mer de Marmara; le canal de *Constantinople* ou *Bosphore*, entre la mer de Marmara et la mer Noire, et enfin le détroit d'*Iénikalé*, entre la mer Noire et la mer d'Azof. — Outre les mers que nous venons de nommer, la Méditerranée creuse encore des golfes d'une certaine importance : le golfe du *Lion*, au sud de la France; le golfe de *Gênes*, sur la côte méridionale des États sardes; le golfe de *Tarente*, au sud-est de l'Italie, et le golfe de *Salonique*, au sud-ouest de la Turquie.

§ 5. — **Presqu'îles, isthmes et caps.**

PRESQU'ÎLES, ISTHMES. — L'Europe présente plusieurs presqu'îles :

au nord, c'est la presqu'île *scandinave*, rattachée au continent par l'isthme de *Laponie;* au sud de la précédente, et lui faisant face, la presqu'île *danoise*, ou *Jutland;* au sud-ouest de l'Europe, l'*Espagne*, qui tient à l'Europe par les Pyrénées ; au sud, l'*Italie*, qui, resserrée comme l'Espagne entre deux grandes mers, se rattache comme elle au continent par un isthme de montagnes, les Apennins ; au sud-est de l'Europe, la *Grèce* nous offre une péninsule bien marquée, la *Morée*, unie au continent par l'isthme de *Corinthe;* enfin, dans la mer Noire, la *Crimée* tient à la Russie par l'isthme de *Pérékop*.

Caps. — Les nombreuses découpures de l'Europe et les chaînes si multipliées qui s'étendent sur son continent ont projeté beaucoup de caps ou promontoires, mais peu méritent d'être cités : c'est, au nord, le cap *Nord*, à la pointe d'une des îles Lofoden, et le cap *Nordkyn*, le plus septentrional de la partie continentale; au sud-ouest de la presqu'île scandinave, le cap *Lindesness;* au nord de la Grande-Bretagne, le cap *Duncansby;* au sud-ouest de la même île, le cap *Lizard*, et le cap *Land's-End;* au sud-ouest de l'Irlande, le cap *Clear;* au nord-ouest de la France, le cap de la *Hogue;* au nord-ouest de l'Espagne, les caps *Ortégal* et *Finisterre;* au sud-ouest de la même presqu'île, le cap *Saint-Vincent;* au sud-est de la Sicile, le cap *Passaro;* au sud et au sud-est de l'Italie, les caps *Spartivento* et de *Leuca;* au sud de la Morée, le cap *Matapan*.

§ 4. — **Grandes îles.**

A l'Europe se rattachent un grand nombre d'îles. Les principales sont : — dans l'océan Glacial, la *Nouvelle-Zemble*, l'île *Kalgouef* et les îles *Lofoden;* — dans la mer Baltique, l'archipel d'*Abo*, à l'ouest de la Finlande; les îles *Dago* et *OEsel*, à l'entrée du golfe de Livonie; les îles *Gothland* et *OEland*, sur la côte orientale de la Suède; les îles *Seeland*, *Fionie*, *Laaland*, entre le Jutland et la Suède; la *Grande-Bretagne*, entre la mer du Nord, la Manche et la mer d'Irlande, a pour annexe principale l'*Irlande*, située à l'ouest de la mer qui porte son nom. — Dans la Méditerranée : les îles *Baléares*, à l'est de l'Espagne; la *Corse*, la *Sardaigne* et la *Sicile*, qui forment la limite occidentale et méridionale de la mer Tyrrhénienne; les îles *Ioniennes*, à l'ouest de la Grèce ; l'île de *Candie*, au sud de l'Archipel, qui est parsemé d'une multitude d'îles dont la plus importante est *Négrepont*, sur la côte nord-est de la Grèce.

§ 5. — **Chaînes de montagnes et volcans** [*]

L'Europe présente trois systèmes de montagnes qui peuvent être considérés comme n'en formant qu'un seul, car ils se relient d'une manière assez sensible. Ces systèmes sont : 1° au nord-ouest, dans la presqu'île scandinave, les *Dofrines*, ou *Alpes scandinaves*, qui se dirigent du cap Lindesness vers le nord sous le nom de monts *Lang-field*, *Dovrefield* et *Kiœlen*, puis tournent vers l'est et le sud-est par les collines d'*Olonetz*, qui se bifurquent entre les lacs Onéga et Latcha pour, d'une part, rejoindre les monts *Ourals* par les collines *Schmokonski*, et, d'autre part, gagner les monts *Carpathes* par le plateau de *Valdaï* et les collines de *Pologne;* 2° les *Alpes*, dont le nœud est aux sources du Rhin, du Rhône, du Tésin et de l'Inn, c'est-à-dire à la chaîne qui s'étend du mont *Saint-Gothard* au mont *Maloïa*, et que pour cela on a appelée *Alpes centrales;* elles projettent vers le nord-est une chaîne qui, sous les noms d'*Alpes* des *Grisons*, *Alpes* de *Constance*, monts de *Souabe*, de *Franconie*, de *Bohême*, de *Moravie*, monts *Sudètes* et *Carpathes*, se rattache au système des Dofrines : — de ces mêmes Alpes centrales se détache encore, mais vers l'ouest, une chaîne, celle des *Alpes bernoises*, qui, par le mont *Jura*, les monts *Faucille*, le plateau de *Langres*, la *Côte-d'Or*, les *Cévennes* et les *Corbières*, trace la jonction du système auquel elle appartient avec celui des Pyrénées; 3° les *Pyrénées* proprement dites, qui s'étendent du cap Creux au cap Finisterre, et que nous venons de voir reliées au système des Alpes par la chaîne des Corbières, pénètrent en Espagne par les monts *Ibériens*, et se relient à la *Sierra-Nevada*, qui forme le massif le plus élevé de la presqu'île.

Aux Alpes se rattachent encore des chaînes qui méritent d'être citées : ce sont, au Sud, les *Apennins*, qui, parties des Alpes occidentales, se prolongent jusqu'à l'extrémité de l'Italie; au sud-est, les Alpes orientales, qui sous les noms d'Alpes *Carniques*, *Juliennes*, *Dinariques*, *Illyriennes*, de monts *Balkans* et

---

[*] Voir la *carte comparative des montagnes* dans l'atlas Babinet.

d'*Alpes helléniques*, forment la charpente de la Grèce et de la Turquie d'*Europe*.

V*olcans*. — L'Europe ne compte que deux volcans, dont les éruptions sont assez fréquentes : l'*Etna*, en Sicile, et le *Vésuve* en Italie.

DIVISION EN VERSANTS.

La *ligne de faîte du partage des eaux de l'Europe* a son point de départ au cap Tarifa, qui marque l'extrémité de la *Sierra-Nevada*; elle suit cette chaîne, puis les monts *Ibériques*, les *Pyrénées cantabriques*, les *Pyrénées continentales* jusqu'au pic de *Corlitte* et les *Corbières* jusqu'au col de *Naurouze*, elle se continue par les *Cévennes*, la *Côte-d'Or*, le plateau de *Langres*, jusqu'aux monts *Faucilles*, le mont *Jura*, les *Alpes bernoises*, les *Alpes centrales*, les *Alpes* des *Grisons*, les *Alpes* de *Constance*, les monts de *Souabe*, de *Franconie*, de *Bohème* et de *Moravie*, les *Sudètes*, les *Carpathes occidentales*, les collines de *Pologne*, le plateau de *Waldaï*, les collines de *Schmokonski* et les monts *Ourals*.

Cette ligne de faîte crée ainsi deux grands versants, dont l'un, septentrional, donne ses eaux à l'océan Glacial du nord et à l'océan Atlantique, et dont l'autre, méridional, les porte dans les bassins de la Méditerranée et de la mer Caspienne.

Deux lignes secondaires viennent se rattacher à cette grande ligne de faîte et tracer les versants spéciaux de l'océan Glacial et de la mer Caspienne; au nord-ouest, ce sont les montagnes de Laponie, qui, avec les collines Olonetz, viennent rejoindre le plateau de Waldaï et tracer la partie occidentale du versant de l'océan Glacial, dont la partie orientale est sur la ligne de partage; au sud-est, ce sont les collines entre le Don et le Volga qui, se détachant de la ligne de faîte, viennent aboutir au Caucase et tracer le versant occidental de la mer Caspienne.

L'Europe a donc *quatre versants* dont les pentes dirigent leurs eaux dans les bassins des quatre mers qui baignent ses côtes.

§ 6. — Fleuves principaux de l'Europe.

Les principaux fleuves de l'Europe sont :

B*assin de l'océan* G*lacial du nord* : la *Petchora*, qui prend sa source dans l'Oural; la *Dwina*, qui naît dans les Schmokonski et se jette dans la mer Blanche; l'*Onéga*, qui sort du lac Voje et se jette dans la mer Blanche.

BASSIN DE L'OCÉAN ATLANTIQUE : la *Tornéa*, la *Luléa*, l'*Uméa*, l'*Oster Dal*, prennent leurs sources dans les monts Scandinaves et se jettent dans le golfe de Bothnie; la *Néva* se jette dans le golfe de Finlande; la *Duna* dans le golfe de Livonie; le *Niémen*, la *Vistule*, l'*Oder*, se jettent dans la mer Baltique; l'*Elbe*, le *Weser*, le *Rhin*, la *Tamise*, se jettent dans la mer du Nord; la *Seine*, dans la Manche; la *Loire*, la *Gironde*, dans l'océan Atlantique; le *Minho*, le *Douro*, le *Tage*, la *Guadiana* et le *Guadalquivir* viennent aussi se jeter dans l'océan Atlantique.

BASSIN DE LA MÉDITERRANÉE : la *Ségura* et l'*Èbre*; le *Rhône*, qui se jette dans le golfe du Lion; l'*Arno* dans le golfe de Gênes, le *Tibre* dans la mer Tyrrhénienne; le *Pô* et l'*Adige*, qui se jettent dans la mer Adriatique; la *Maritza* dans l'Archipel; le *Danube*, le *Dniester*, le *Dniéper*, le *Kouban* dans la mer Noire; le *Don* dans la mer d'Azof.

BASSIN DE LA MER CASPIENNE : le *Volga* et l'*Oural* sont les deux cours principaux que le versant européen envoie dans ce bassin.

§ 7. — Lacs principaux.

Dans la région que bornent la mer Blanche au nord, la Baltique à l'ouest, les monts Ourals à l'est et les sources du Volga au sud, il y a plus de deux cents lacs : nous citerons le lac *Ladoga*, qui s'écoule dans le golfe de Finlande par la Néva et reçoit les eaux des lacs *Ilmen* et *Onéga* par deux rivières; les lacs *Saïma*, *Ormèse* et *Nesijarvi* en Finlande. — La presqu'île scandinave possède aussi beaucoup de lacs; les principaux sont, au sud, les lacs *Wéner*, *Wetter* et *Mœlar*; au nord, les lacs *Tornéa*, *Stor-Luléa*, *Afvan* et *Stor-Uman*, qui tous envoient leurs eaux dans la mer Baltique. — Dans la région des Alpes nous trouvons, au nord : les lacs de *Constance*, de *Zurich*, de *Genève* ou lac *Léman*, de *Neufchâtel*, en Suisse; les lacs *Neusiedl*, *Balaton*, en Autriche; au sud, les lacs *Majeur*, *Lugano*, *Côme* et *Guarda*.

I. — FRANCE[*]

Situation, limites et aspect général. — Gouvernement. Grandes divisions administratives. — Divisions territoriales. Capitale. Principales villes. Population. — Possessions hors de l'Europe et colonies.

§ 1. — Situation, limites et aspect général.

SITUATION. — La *France*, située dans la partie occidentale de l'Europe, est comprise entre 5°55′ de longitude orientale et 7°7′ de longitude occidentale et entre 40°20′ et 51°5′ de latitude septentrionale. Sa superficie est de 536,140 kil. carrés.

LIMITES. — Ses limites sont, au *nord*, la Belgique, le Pas-de-Calais et la Manche ; — à l'*ouest*, l'océan Atlantique ; — au *sud-ouest*, les Pyrénées ; — au *sud-est*, la Méditerranée, — et à l'*est*, les États sardes, la Suisse et le grand-duché de Bade.

ASPECT GÉNÉRAL. — La France, dont le sol est généralement fertile et le climat tempéré, n'est en réalité qu'une vaste plaine accidentée par des collines de peu d'élévation dont les pentes adoucies donnent naissance à des cours d'eau qui, ne rencontrant point d'obstacles sérieux dans leur marche, descendent lentement vers la mer et ne creusent point de lits profonds. Ses côtes ne présentent que deux grandes presqu'îles et deux golfes importants : les presqu'îles sont celle du *Cotentin* projetée sur la Manche, entre la baie de la Seine et la baie de Cancale, et celle de *Bretagne*, entre la baie de Cancale et l'embouchure de la Loire. — Les deux golfes sont : le golfe de *Gascogne* ou *mer de France*, creusé par l'océan Atlantique et s'étendant de la pointe de la Bretagne à l'embouchure de la Bidassoa, et le golfe du *Lion*, formé par la Méditerranée et s'étendant du cap Cerbère au cap Sicié. — Enfin nous citerons quelques caps célèbres : sur la Manche, les caps *Grisnez*, d'*Antifer* et de la *Hogue* ; sur l'océan Atlantique, la *pointe Saint-Mathieu*, la *pointe du Raz* et la *pointe de Penmarch* ; sur la Méditerranée, les caps *Cerbère* et *Sicié*.

---

[*] Voir la carte de la *France physique* dans l'atlas Babinet.

Montagnes. — Les principales chaînes de montagnes de la France sont : au midi, les *Pyrénées*, qui la séparent de l'Espagne; à l'est, les *Alpes* et le *Jura*, qui la séparent de l'Italie et de la Suisse; à l'intérieur, les monts d'*Auvergne*; au nord-ouest, les Cévennes, et les *Vosges*, au nord du Jura. Ces montagnes, toutes reliées entre elles par des chaînes moins importantes, tracent les versants particuliers de la mer du *Nord*, de la *Manche*, de l'océan *Atlantique* et de la *Méditerranée*.

Versant de la mer du Nord. — Il part du plateau de Langres et est tracé par les pentes orientales des monts de la *Meuse*, de l'*Argonne* occidentale, des *Ardennes* occidentales jusqu'aux sources de la Somme et de l'Escaut, et enfin des collines de l'*Artois*, qui aboutissent au cap *Grisnez*.

Versant de la Manche. — Sa partie orientale est formée par la pente occidentale des monts que nous venons d'indiquer pour le versant de la mer du Nord, et par la pente orientale ou septentrionale des monts du *Morvan* et du *Nivernais*, du plateau d'*Orléans*, des collines du *Perche* et du *Maine*, et des monts de la *Bretagne*, qui finissent à la pointe *Saint-Mathieu*.

Versant de l'océan Atlantique. — Il est formé, au nord, par la pente méridionale des hauteurs que nous venons de nommer pour le versant de la Manche, et à l'est et au sud par la *Côte-d'Or*, les *Cévennes*, les *montagnes Noires*, les *Corbières* et les *Pyrénées* jusqu'à l'embouchure de la Bidassoa.

Versant de la Méditerranée. — Il est formé, à l'ouest, par la pente orientale des *Corbières*, au sud, par des hauteurs qui les continuent jusqu'à la *Côte-d'Or*, au nord; de ce point, le plateau de *Langres*, les monts *Faucilles*, les *Vosges méridionales* et le *Jura*, le tracent jusqu'aux *Alpes*, limites de la France.

Bassins. — Les quatre versants que nous venons d'indiquer tracent autant de *bassins maritimes* qui comprennent chacun plusieurs *bassins fluviaux*, non moins importants à connaître que les hauteurs qui les circonscrivent, car les divisions territoriales de la France leur empruntent presque tous leurs noms. Nous allons indiquer ces bassins fluviaux en suivant l'ordre des bassins maritimes :

Bassin de la mer du Nord : Le *Rhin*, bassin principal, qui reçoit du versant français les eaux de la *Moselle*, grossie de la *Meurthe* et de la *Meuse*; — à l'ouest de celui-ci, le bassin secondaire de l'*Escaut*.

Bassin de la Manche : La Seine, bassin principal et situé au centre, a pour tributaires, à sa droite, l'*Aube*, la *Marne*, l'*Orne*, grossie de l'*Aisne*, et à sa gauche l'*Yonne* et l'*Eure* ; — au nord-est, un bassin secondaire, celui de la *Somme* ; — à l'ouest, un autre bassin secondaire, l'*Orne*.

Bassin de l'océan Atlantique : En regardant la carte, nous apercevons d'abord deux bassins principaux : — 1° La Loire , qui reçoit, à droite, les eaux de la *Nièvre* et de la *Maine*, formée par la réunion du *Loir*, de la *Sarthe* et de la *Mayenne* ; à gauche, celles de l'*Allier*, du *Loiret*, du *Cher*, de l'*Indre*, de la *Vienne*, grossie de la *Creuse* et de la *Sèvre nantaise*. — 2° La Gironde, formée par la réunion de la *Dordogne* et de la *Garonne*. La Dordogne a pour principal affluent la *Corrèze* ; la Garonne s'est grossie à droite des eaux de l'*Ariége*, du *Tarn*, de l'*Aveyron*, et du *Lot*, et à gauche de celles du *Gers*.

En outre, dans ce même versant, se trouvent quatre bassins secondaires : 1° Au nord, celui de la *Vilaine*, qui reçoit l'*Ille* ; — 2° au centre celui de la *Sèvre niortaise*, qui reçoit la *Vendée*, et 3° celui de la *Charente* ; — 4° au sud, celui de l'*Adour*.

Bassin de la Méditerranée : Le Rhône, au centre, bassin principal, qui reçoit à droite l'*Ain*, la *Saône*, grossie du *Doubs*, l'*Ardèche* et le *Gard* ; et, à gauche, l'*Isère*, la *Drôme* et la *Durance* ; — à l'ouest, deux bassins secondaires, ceux de l'*Aude* et l'*Hérault* ; — àl'est, un bassin secondaire, celui du *Var*.

§ 2. — **Gouvernement et grandes divisions administratives.**

Gouvernement. — La France a un gouvernement *monarchique héréditaire et constitutionnel* dont le chef porte le titre d'*Empereur* et exerce seul le *pouvoir exécutif*. Un *conseil d'État*, dont les membres sont nommés par l'Empereur, élabore les projets de loi et juge souverainement les questions de droit administratif. Deux grandes assemblées partagent avec le souverain le *pouvoir législatif* : l'une, appelée *Corps législatif*, et issue du suffrage universel, vote le budget et les lois dont le projet lui est soumis ; la seconde, nommée *Sénat*, et composée de membres à vie choisis par l'Empereur, veille au maintien de la Constitution, et décide s'il y a lieu ou non de promulguer les lois votées par le Corps législatif.

Armée. — La France est divisée en six grands commandements

militaires confiés à des *maréchaux de France* qui résident dans les villes de *Paris, Lille, Nancy, Tours, Lyon* et *Toulouse*.

MARINE. — Le littoral a été partagé en cinq préfectures maritimes dont les chefs-lieux sont *Cherbourg, Brest, Lorient, Rochefort* et *Toulon*.

RELIGION. —La France, qui salarie les ministres de quatre cultes, est divisée : — Pour le *catholicisme*, religion de la grande majorité de la nation, en 80 *diocèses* régis par 16 *archevêques* et 64 *évêques*. — Pour la *communion luthérienne*, elle a un consistoire central à Strasbourg et 6 inspections. — Pour la *communion calviniste*, un conseil central à Paris et 91 consistoires répartis dans 38 départements. — Pour le *culte israélite*, il y a un consistoire central à Paris et 8 synagogues consistoriales.

LÉGISLATION. — La France est partagée en 27 circonscriptions ou ressorts de *cours impériales*, au-dessous desquelles sont autant de *tribunaux de première instance* qu'il y a d'arrondissements; puis viennent des tribunaux appelés *justices de paix*. Une cour suprême qu'on nomme *cour de cassation* veille à ce que les jugements soient rendus conformément aux lois, dont seule elle interprète les passages obscurs. Il y a, en outre, des tribunaux non permanents, et qui, sous les noms de *cours d'assises*, de *conseils de guerre* et *tribunaux maritimes*, jugent les causes criminelles et les crimes ou délits des militaires et des marins.

INSTRUCTION PUBLIQUE. — L'instruction publique est sous la direction d'un ministre spécial assisté d'un conseil. Le pays est divisé en 16 *académies* régies chacune par un recteur assisté d'un conseil.

ADMINISTRATION. — La France est partagée en *départements*, ayant chacun un nom particulier, tiré, soit de sa position, soit d'un des éléments géographiques qui caractérisent son territoire (montagne, cours d'eau, etc.). Chaque département se subdivise en *arrondissements, cantons* et *communes*, dont le nombre varie suivant le chiffre de la population. Des *préfets* administrent les départements, des *sous-préfets* les arrondissements, des *maires* les communes; quant aux cantons, ils n'ont pas de magistrats administratifs spéciaux. La ville où l'administration départementale a son centre, où le préfet réside, porte le nom de *chef-lieu de département* ou de *préfecture*. Celle où réside le sous-préfet porte celui de *chef-lieu d'arrondissement* ou de *sous-préfecture*.

§ 3. — **Grandes divisions territoriales** *.

GRANDES DIVISIONS TERRITORIALES. — La France est divisée en 86 départements comprenant 363 arrondissements, 2,849 cantons et 36,886 communes.

La France comprenait, avant 1789, 33 *provinces*. L'histoire et les habitudes nationales ayant immortalisé et maintenu le nom de ces anciennes divisions, nous croyons devoir les rappeler et en faire concorder l'étude avec celle des *départements* qui en ont été, sinon complétement, du moins en grande partie, formés.

BASSIN DE LA MER DU NORD

Ce bassin comprend 4 provinces, l'ALSACE, cap. *Strasbourg*; la LORRAINE, cap. *Nancy*; la FLANDRE, cap. *Lille*; et l'ARTOIS, cap. *Arras*.

ALSACE.

La partie de territoire que nous possédons sous ce nom a été conquise sous Louis XIV et cédée définitivement à la France par le traité de Munster (1697) : l'Alsace tire son nom de l'Ill (Elsass en allemand). Elle formait avant 1789 un gouvernement militaire dont la capitale était *Strasbourg*; elle forme aujourd'hui deux départements : le HAUT-RHIN, ch.-l. *Colmar*; le BAS-RHIN, ch.-l. *Strasbourg*.

HAUT-RHIN

Ce département, qui tire son nom du fleuve qui l'arrose, a une superficie de 4,107 kil. c. et une population de 490,000 hab. ; il forme 3 arrondissements, savoir : COLMAR, ch.-l. de préfecture ; et *Altkirch* et *Belfort*, ch.-l. de sous-préfectures.

Remarque. — Ce département ressortit à l'évêché de Strasbourg, à la Cour impériale de Colmar, à l'Académie de Strasbourg, et est compris dans la 6e division militaire dont le siége est à Strasbourg. Agriculture et industrie avancées ; vins blancs du Rhin ; riches mines de fer ; fabriques de cuivre laminé, fil de laiton, etc. Tissus de coton, toiles peintes, etc.

COLMAR, (21,300 hab.) chef-lieu du département et siége d'une Cour impériale, est située non loin de l'Ill et du chemin de fer de l'Est ; elle a une Cour d'appel. C'est la patrie du directeur Rewbell, du général Rapp, de l'amiral Bruat.

* Voir la *France par départements* dans l'atlas Babinet.

ALTKIRCH (3,600 hab.), sur une colline baignée par l'Ill, fait un grand commerce de chanvre et de cuirs. — *Mulhouse* ou *Mulhausen* (46,000 hab.), l'une des grandes villes manufacturières de France, est située sur l'Ill, près du canal du Rhône au Rhin et de la ligne de fer de l'Est : fabrication de toiles peintes, cotonnades.

BELFORT (7,500 hab.), est située sur la Savoureuse : elle n'a point d'industrie importante, mais elle fait un grand commerce avec la Suisse et l'Allemagne. C'est une place forte de la plus grande importance et qui défend le passage que rend facile en cet endroit la dépression qui existe entre le Jura et les Vosges.

BAS-RHIN.

Ce département, qui doit son nom au grand fleuve qui le limite, a une superficie de 4,553 kil. c. et une population de 567,000 hab. — Il forme 4 arrondissements, savoir : STRASBOURG, ch.-l. de préfecture ; et *Saverne, Schlestadt,* et *Wissembourg*, ch.-l. de. sous-préfectures.

Remarque. — Ce département ressortit à l'évêché de Strasbourg, à la Cour impériale de Colmar, à l'Académie de Strasbourg, et appartient à la 6ᵉ division militaire, dont le siége est à Strasbourg. Il présente à peu près le même caractère que le Haut-Rhin au point de vue agricole et manufacturier.

STRASBOURG (77,500 hab.), chef-lieu du département et siége d'un évêché, d'une académie et de la 6ᵉ division militaire, est située sur l'Ill et sur la Brusche, à 1 kilom. du Rhin. C'est une des plus fortes places de la France ; elle n'a point d'industrie importante, mais sa position dans une contrée manufacturière, sur le canal et sur le chemin de fer de l'Est, en ont fait un centre actif de commerce. Elle a de nombreux établissements scientifiques et une magnifique cathédrale. Strasbourg est la patrie des généraux Kléber et Kellermann, et de Pierre Schœffer, l'un des inventeurs de l'imprimerie.

SAVERNE (5,400 hab.), est située sur la Zorn, près du canal de la Marne au Rhin et sur la ligne de fer de l'Est : elle fait un grand commerce de quincaillerie.

SCHLESTADT (10,000 hab.), sur la rive gauche de l'Ill, est une ville fortifiée : elle a des fabriques de toiles et de gazes métalliques.

WISSEMBOURG (5,200 hab.), sur la rive droite de la Lauter, est une place forte qui n'a point d'industrie importante.

LORRAINE.

Cette province, dont une partie (les trois évêchés) appartenait à la France depuis 1552, vint entièrement en sa possession en 1766, après la mort de Stanislas Leczinski, auquel le traité de Vienne (1735) l'avait attribuée, avec réversibilité à la couronne de France. Elle tire son nom du vieux mot français *Loherrègne*, désignant le royaume formé en 855 en faveur de Lothaire II, deuxième fils de l'empereur Lothaire Ier. Cette province dont la capitale était *Nancy*, a formé 4 départements : les VOSGES, ch.-l. *Épinal ;* la MEURTHE, ch.-l. *Nancy ;* la MOSELLE, ch.-l. *Metz*, et la MEUSE, ch.-l. *Bar-le-Duc.*

VOSGES.

Ce département, qui doit son nom à la chaîne de montagnes qui le limite à l'est, a une superficie de 6,079 kil. c. et une population de 406,000 hab. Il forme 5 arrondissements, savoir : ÉPINAL, ch.-l. de préfecture ; et *Mirecourt, Neufchateau, Remiremont, Saint-Dié*, ch.-l. de sous-préfectures.

Remarque. — Ce département ressortit à l'évêché de Saint-Dié, à la Cour impériale et à l'Académie de Nancy, et est compris dans la 5e division militaire, dont le siége est à Metz. Sol peu favorable à l'agriculture ; bois de construction, élève de porcs, fabrication de fromages et de kirsch ; eaux minérales renommées à *Bussang, Contrexeville, Plombières,* etc.

ÉPINAL (11,000 hab.), chef-lieu du département, est située sur la Moselle et n'a rien de remarquable ; elle fut prise par le marquis de Créqui en 1671.

MIRECOURT (5,400 hab.), sur le Madon, a des fabriques d'instruments de musique, de dentelles et de broderies.

NEUFCHATEAU (3,600 hab.), chef-lieu d'arrondissement, sur le Mouzon, à son confluent avec la Meuse, a un marché important pour bestiaux, grains, toiles et quincaillerie. — Dans cet arrondissement se trouve le village de *Domremy*, où naquit Jeanne Darc en 1412.

REMIREMONT (5,300 hab.), est placée sur les bords de la Moselle : c'est l'entrepôt des fromages de Gérardmer et de Vachelin, des toiles de coton et des mousselines dont ses environs ont de nombreuses fabriques.

SAINT-DIÉ (9,000 hab.), chef-lieu d'arrondissement et siége d'un évêché, est bâtie sur les bords de la Meurthe et au pied d'une montagne ; fabriques de cotonnades, guingamps, etc.

MEURTHE.

Ce département, qui doit son nom à la rivière qui l'arrose, a 6,090 kil. c. de superficie et 425,000 hab. Il forme 5 arrondissements, savoir : NANCY, ch.-l. de préfecture ; *Château-Salins, Lunéville, Sarrebourg, Toul*, ch.-l. de sous-préfectures.

Remarque. — Ce département ressortit à l'évêché de Nancy, à la Cour impériale et à l'Académie de Nancy, et est compris dans la 5e division militaire, dont le siége est à Metz. Son sol, très-fertile dans la plaine, fournit au delà des besoins de la population ; le sel gemme et les sources salées de *Dieuze, Vic, Chateau-Salins,* etc. ; les verreries de *Baccarat*, les manufactures de glaces de *Saint-Quirin* et de *Cirey*, enfin les fabriques de dentelles de *Nancy*, font la richesse de ce département.

Nancy (48,200 hab.), chef-lieu du département, siége d'un évêché, d'une Cour impériale et d'une Académie, est située sur la rive gauche de la Meurthe, au passage du canal de la Marne au Rhin et du chemin de fer de l'Est. Cette ancienne capitale de la Lorraine conserve encore des monuments qui rappellent le rang qu'elle a occupé, et dont la plupart sont dus à l'administration du bon roi Stanislas Leczinski. Ses broderies, sa bonneterie, ses filatures de coton, la mettent au nombre de nos cités industrielles. Elle possède notre école forestière et se glorifie d'avoir vu naître le graveur Callot, le peintre Claude Gelée, dit le Lorrain, et l'agronome Mathieu de Dombasle.

Château-Salins (2,400 hab.), est située sur la Seille. Les salines qui lui ont donné leur nom sont aujourd'hui presque abandonnées.

Lunéville (15,500 hab.), est située sur la rive droite de la Meurthe. On cite sa caserne de cavalerie, ancien palais des ducs de Lorraine. Elle a des fabriques de gants et de faïence. C'est à Lunéville que résidait le roi Stanislas dont le renom de bonté s'est perpétué jusqu'à nos jours, et que fut signé le traité de 1801, qui donnait à la France le Rhin pour frontière.

Sarrebourg (2,950 hab.), sur la Sarre, est une petite ville sans importance.

Toul (8,200 hab.), sur la rive gauche de la Moselle, a joué un rôle important pendant le moyen âge. Elle a encore quelques fortifications et sert d'entrepôt au commerce des vins de la contrée. Patrie du général Gouvion-Saint-Cyr.

MOSELLE.

Ce département, qui doit son nom à la rivière qui le traverse dans toute sa longueur, a une superficie de 5,368 kil. c. et une population de 459,000 hab. Il forme 4 arrondissements, savoir : Metz, ch.-l. de préfecture; et *Briey, Sarreguemines* et *Thionville*, ch.-l. de sous-préfectures.

Remarque. — Ce département ressortit à l'évêché de Metz, à la Cour impériale et à l'Académie de Nancy, et fait partie de la 5e division militaire dont le siége est à Metz. C'est un des plus riches départements de la France au point de vue agricole et industriel : les mines de fer de Saint-Pancré, de *Moyeuvre*, d'*Aumetz*, etc., donnent des produits très-importants.

Metz (64,800 hab.), chef-lieu du département, siége d'un évêché et de la 5e division militaire, est bâtie sur la Moselle, au confluent de la Seille; c'est une place forte de premier ordre; elle renferme l'école d'application pour le génie et l'artillerie; sa cathédrale mérite d'être citée. Patrie du maréchal Fabert.

Briey (1,900 hab.), a des teintureries et des brasseries renommées.

Sarreguemines (5,500 hab.), au confluent de la Sarre et de la Blize, a une importante manufacture de poterie et porcelaine rouge, des fabriques de velours et de peluches.

Thionville (10,400 hab.), sur la Moselle, est une place forte importante.

MEUSE.

Ce département, qui emprunte son nom au fleuve qui l'arrose, a 6,227 kil. c. de superficie et une population de 306,000 hab. ; il comprend 4 arrondissements, savoir : BAR-LE-DUC, ch.-l. de préfecture ; *Commercy*, *Montmédy* et *Verdun*, ch.-l. de sous-préfectures.

Remarque. — Ce département ressortit à l'évêché de Verdun, à la Cour impériale et à l'Académie de Nancy et fait partie de la 3ᵉ division militaire. dont le siége est à Metz. — Agriculture avancée ; minerai de fer abondant ; verreries, faïenceries, confitures et dragées renommées.

BAR-LE-DUC (14,000 hab.), chef-lieu du département, est située sur l'Ornain, affluent de la Marne, sur le canal de la Marne au Rhin et au passage de la ligne de fer de l'Est ; elle a des confitures renommées et fait un commerce important en bois, fers, laines, etc.

COMMERCY (4,200 hab.), sur la rive gauche de la Meuse, a un ancien château dont le roi Stanislas avait fait une magnifique résidence et qu'on a converti en caserne de cavalerie. Commerce important de grains. — *Saint-Mihiel* (5,350 hab.), sur les bords de la Meuse, est le siége du tribunal de 1ʳᵉ instance de l'arrondissement. — *Vaucouleurs* (2,660 hab.), petite ville où Jeanne Darc se rendit auprès du sire de Baudricourt pour lui faire connaître sa mission.

MONTMÉDY (2,600 hab.), sur le Chiers. est une place forte de 4ᵉ ordre.

VERDUN (12,900 hab.) chef-lieu d'arrondissement, siége d'un évêché et place forte, est située sur la Meuse ; fabriques de dragées renommées. — *Varennes* 1,400 hab.), sur l'Aire, est célèbre par l'arrestation de l'infortuné Louis XVI (1791).

FLANDRE FRANÇAISE.

Cette province, composée seulement d'une partie de la contrée qu'on appelait les Flandres, d'une partie du Hainaut et du Cambrésis, a été acquise à la France sous Louis XIV : 1º Par le traité d'Aix-la-Chapelle (1668), qui lui donne la partie maritime; 2º par le traité de Nimègue (1678), qui lui reconnaît le Hainaut. — On ne connaît point l'origine du nom de Flandre; quant au Hainaut, il tire son nom de la *Haine*, affluent de l'Escaut. Cette province dont la capitale était *Lille*, forme un département, celui du NORD, ch.-l. *Lille*.

NORD.

Ce département, qui doit son nom à sa position dans la partie la plus septentrionale de la France, a une superficie de 5,680 kil. c. et une population de 1,212,000 hab. Il comprend 7 arrondissements, savoir : LILLE, ch.-l. de préfecture; *Douai, Dunkerque, Hazebrouck, Avesnes, Valenciennes* et *Cambrai,* ch.-l. de sous-préfectures.

Remarque. — Ce département ressortit à l'archevêché de Cambrai, à la Cour impériale et à l'Académie de Douai ; il fait partie de la 3e division militaire, dont le siége est à Lille, et appartient pour ses côtes à la 1re préfecture maritime (Cherbourg). — Agriculture et industrie remarquables : belle race de bêtes à cornes ; exploitation minière, la plus considérable de notre pays ; fabriques de toiles, draps, sucre de betterave et huile de colza.

LILLE (78,700 hab.), chef-lieu du département et de la 3e division militaire, est située sur les deux rives de la Deule, affluent de la Lys, et au point de jonction de trois lignes de fer. C'est une ville fortifiée, mais néanmoins très-industrieuse : la fabrication des fils de lin et de coton, des fils retors pour dentelles, et la construction de machines, occupent une grande partie de la population. Malgré sa prospérité générale, Lille compte près de 35,000 indigents. — *Roubaix* (39,500 hab.), chef-lieu de canton, sur le canal de la Marcq, est une ville toute moderne qui doit son développement à la fabrication des draps, des coutils, du linge de table, etc. — *Tourcoing* (29,650 hab.), même industrie qu'à Roubaix et même prospérité. — *Bouvines* (588 hab.), village sur la Marcq, est célèbre par la victoire de Philippe-Auguste (1214).

DOUAI (23,000 hab.), siége d'une Cour impériale et d'une Académie, est située sur la Scarpe ; elle a une citadelle, un arsenal et une école d'artillerie ; fabriques de dentelles, toiles, etc., patrie du jurisconsulte Merlin.

DUNKERQUE (29,800 hab.), est port de mer et place forte : des canaux et une ligne de fer contribuent au développement de son commerce. — Dunkerque, chef-lieu d'un arrondissement maritime, est la patrie de Jean Bart.

HAZEBROUCK (7,900 hab.), sur un canal et à l'embranchement des chemins de fer de Calais et de Dunkerque, fait un grand commerce de toiles, grains, bestiaux et bois de construction.

AVESNES (4,200 hab.), sur l'Helpe, affluent de la Sambre, est une place fortifiée qui fait quelque commerce en bois, marbres, ardoises, chaux, lin.

VALENCIENNES (24,300 hab.), sur l'Escaut, et la ligne du nord, est une ville fortifiée. Son industrie est active et ses dentelles sont très-renommées ; grand centre d'exploitation houillère. Valenciennes est la patrie de l'historien Froissart et du peintre Watteau, — *Denain* (9,500 hab.), sur la rive gauche de l'Escaut, est célèbre par la victoire qu'y remporta Villars en 1710.

CAMBRAI (21,400 hab.), siége d'un archevêché, est bâtie sur l'Escaut, à l'origine du canal de Saint-Quentin. Sa citadelle est regardée comme imprenable. Fabrication de toiles, batistes, linons, sucre de betteraves, etc. Cambrai a eu Fénelon pour archevêque, et a vu naître le chroniqueur Monstrelet et le général Dumouriez.

ARTOIS.

Cette province dont la capitale était *Arras,* comprenait deux parties : l'une, sur le littoral, se composait du Ponthieu, du Boulon nois et du Calaisis ; l'autre, de l'Artois. Conquise par Louis XIII, pendant la guerre de Trente-Ans, elle fut définitivement réunie à la France en vertu du traité de Nimègue (1678). Son nom vient de sa population première, les Atrebates ; elle forme un département, celui du Pas-de-Calais, ch.-l. *Arras*.

PAS-DE-CALAIS.

Ce département, qui doit son nom à la portion de mer qui baigne ses côtes, a 6,605 kil. c. de superficie et une population de 715,000 hab.; il comprend 6 arrondissements, savoir : Arras, ch.-l. de préfecture ; *Béthune, Boulogne, Montreuil, Saint-Omer et Saint-Pol*, ch.-l. de sous-préfectures.

Remarque. — Le département du Pas-de-Calais ressortit à l'évêché d'Arras, à la Cour impériale et à l'Académie de Douai ; il fait partie de la 5e division militaire, dont le siége est à Lille, et est compris dans la 1re préfecture maritime (Cherbourg). — Il est agricole et manufacturier : on y fait beaucoup de sucre de betteraves, d'huile de graines oléagineuses ; il a de nombreuses fabriques et filatures de coton ; de dentelles à Arras, de toiles à Béthune.

Arras (26,200 hab.), chef-lieu du département et siége d'un évêché, est placée sur la rive droite de la Scarpe, affluent de l'Escaut. C'est une place forte ; elle a des fabriques de dentelles, de bonneterie, d'huile ; Arras est la patrie de Damiens, Robespierre et Lebon.

Béthune (7,700 hab.), sur un roc baigné par la Brette, est une place forte de 2e ordre. Elle a des blanchisseries de toiles et de laines, des fabriques de sucre, et fait un commerce considérable en lin, toiles et graines de toutes sortes.

Boulogne (54,700 hab.), à l'embouchure de la Liane, a un port d'un accès difficile et souvent ensablé, mais très-fréquenté pour le passage de France en Angleterre. Cette ville est un entrepôt de denrées coloniales, de bois du Nord, de houilles et d'ardoises d'Angleterre, et le centre de la pêche du hareng ; elle a des fabriques d'huiles, plumes métalliques, chaux hydraulique, etc. Boulogne fut en 1804 le centre des préparatifs de Napoléon pour une descente en Angleterre. — *Calais* (11,969 hab.), place forte et port de mer commerce considérable de bois du Nord, fabriques renommées de tulles ; pêche de la morue, du hareng et du maquereau. Calais, prise par les Anglais en 1347, ne fut reprise sur eux qu'en 1558 par le duc de Guise.

Montreuil (5,600 hab.), sur une colline près de la rive gauche de la Canche, a des tanneries, des scieries mécaniques et des raffineries de sel. On la classe parmi les places de guerre de 2e ordre. Elle communique avec Paris par une ligne de fer ; avec Londres, Ramsgate et Douvres par des services réguliers de paquebots à vapeur.

Saint-Omer (22,000 hab.), sur l'Aa et sur la ligne de fer de Paris à Calais, a une industrie très-active en broderies, couvertures de laine, raffineries de sucre, etc. ; c'est la patrie de Suger. — *Aire* (8,680 hab.) est la patrie de Malebranche.

Saint-Pol (3,400 hab.), près des sources de la Ternoise, a des eaux minérales ferrugineuses estimées et fait un grand commerce de porcs, moutons, œufs et volailles.

BASSIN DE LA MANCHE.

Le bassin de la Manche comprend 4 provinces : La Picardie, cap. *Amiens;* l'Ile-de-France, cap. *Paris;* la Champagne, cap. *Troyes;* et la Normandie, cap. *Rouen.*

PICARDIE.

Cette province, dont la capitale était *Amiens*, fut réunie à la France par Louis XI, en 1463 ; elle comprenait l'Amiénois, le Santerre (Péronne), une partie du Ponthieu (Abbeville), le Vimeux (Saint-Valery) et le Vermandois (Saint-Quentin); certaines portions de ces territoires ont été réparties entre les départements de l'Aisne, du Pas-de-Calais et de l'Oise, et la majeure partie a formé le département de la Somme, ch.-l. *Amiens*.

SOMME.

Ce département, qui doit son nom au petit fleuve qui l'arrose, a 6,161 kil. c. de superficie et une population de 566,500 hab.; il forme 5 arrondissements, savoir : Amiens, ch.-l. de préfecture; *Abbeville, Doullens, Montdidier* et *Péronne.*

Remarque. — Ce département ressortit à l'évêché et à la Cour impériale d'Amiens, à l'Académie de Douai, et est compris dans la 3e division militaire dont le siége est à Lille; ses côtes appartiennent à la 1re préfecture maritime (Cherbourg). — Agriculture avancée, riches tourbières, fabrication de velours, toiles de lin et de chanvre, sucre de betterave, huiles, bière et eaux-de-vie.

Amiens (56,600 hab.), chef-lieu du département, siége d'un évêché et d'une cour impériale, est située sur la Somme, qui y est partagée en plusieurs canaux. Sa cathédrale est un des plus beaux monuments du moyen âge; ses nouveaux quartiers sont bien bâtis, et ses promenades fort belles. Amiens a des filatures de laine et de coton, des fabriques de velours de soie et de coton, des teintureries, etc.; son commerce, très-actif, est facilité par le canal latéral à la Somme, le canal de l'Oise à l'Escaut et les lignes de fer du Nord et de Boulogne. Amiens est la patrie de Pierre l'Hermite, de Voiture, Ducange, Gresset et Delambre. En 1802 y fut signé un traité de paix avec l'Angleterre.

Abbeville (19,500 hab.), place forte, est bâtie sur la Somme, à la réunion de sept grandes routes et sur la ligne de fer d'Amiens à Boulogne. Fabrication de draps, moquettes, velours, serges, cordages, savon; commerce très-actif. Abbeville est la patrie du poëte Millevoye. — *Crécy* (1,600 hab.) est célèbre par la défaite des Français en 1346. — *Saint-Valery* (3,400 hab.) a un port très-commerçant à l'embouchure de la Somme. — Doullens (4,500 hab.), est située sur la rive gauche de l'Authie. elle a une citadelle qui sert de prison d'État.

Montdidier (4,100 hab.), sur une colline que baigne la petite rivière du Don; n'a point d'industrie importante. C'est la patrie de Parmentier.

Péronne (4,400 hab.), est une petite place forte placée sur la rive droite de la Somme, et au milieu de marais qui contribuent à sa défense. Château célèbre par la captivité de Charles le Simple (923) et de Louis XI (1468). — *Ham* (2,500 hab.), petite ville sur la Somme, a un château fort qui sert de prison d'État.

ILE-DE-FRANCE.

Cette province, dont *Paris* était la capitale, a composé à une époque tout le royaume de France et formait une île qu'enveloppaient la Seine, l'Oise, l'Aisne, l'Ourcq et la Marne. Elle se composait du Parisis (Paris), du Valois (Crespy), du Vexin français (Pontoise), du Mantois (Mantes), de l'Hurepoix (Dourdan), du Gâtinais français (Nemours), de la Brie française (Brie-Comte-Robert), du Laonais, du Noyonnais, du Soissonnais et du Beauvaisis; on y a ajouté quelques parties de la Picardie et de la Champagne, et l'on en a formé cinq départements, savoir : dép. de l'Oise, ch.-l. *Beauvais*; de Seine-et-Oise, ch.-l. *Versailles*; de Seine-et-Marne, ch.-l. *Melun*; de la Seine, ch.-l. *Paris*, et de l'Aisne, ch.-l. *Laon*.

OISE.

Ce département, qui doit son nom au plus important des cours d'eau qui l'arrosent, a une superficie de 5,855 kil. c. et une population de 396,000 hab. : il forme 4 arrondissements, savoir : Beauvais, ch.-l. de préfecture; *Clermont, Compiègne* et *Senlis*, ch.-lieux de sous-préfectures.

Remarque. — Ce département ressortit à l'évêché de Beauvais, à la Cour impériale d'Amiens, à l'Académie de Paris, et fait partie de la 1re division militaire dont le siége est à Paris. — Sol fertile, agriculture soignée, céréales, légumes secs; la betterave et le chardon à bonnetier y sont cultivés en grand; élève de moutons et de volailles, fabrication de sucre de betteraves, de tapisseries, de faïence et de poterie.

Beauvais (14,000 hab.), chef-lieu du département et siége d'un évêché, est traversée par le Thérain, affluent de l'Oise; c'est une ville ancienne qui a des antiquités romaines et une cathédrale considérée comme l'un des plus beaux monuments gothiques. Elle a une manufacture impériale de tapisseries et des fabriques d'étoffes de laine, de poterie, etc. Beauvais est célèbre par l'héroïsme de Jeanne Hachette (1477).

Clermont (5,453 hab.), est bâtie sur une hauteur et sur la ligne de Paris à Amiens : elle fait un commerce considérable de blé, lin, toiles et bestiaux; foires importantes. C'est la patrie du célèbre Cassini.

Compiègne (10,364 hab.), sur l'Oise, a un château remarquable : elle a des fabriques de sabots, de boissellerie, de bateaux et de cordages, et fait un grand commerce de bois, de charbon de terre et de toiles de chanvre. — *Noyon* (6,372 hab.), près de la rive droite de l'Oise, est une très-ancienne ville qui a une belle-cathédrale, débris de sa splendeur passée. C'est à Noyon que Hugues Capet fut élu roi en 987, et que naquit Calvin, dont on montre encore la maison.

Senlis (5,000 hab.), un peu au-dessus du confluent de la Nonette et de l'Aunette, fait quelque commerce de grains, laines et bois de charpente. — *Chantilly* (2,500 hab.), petite ville sur la Nonette, avec un magnifique château du grand Condé; courses trois fois par an; centre d'une fabrication importante de blondes et de dentelles. — *Creil* (3,000 hab.), petite ville sur la rive gauche de l'Oise, à l'embranchement des chemins de fer du Nord et de Saint-Quentin, a une importante manufacture de faïence, façon anglaise. — *Ermenonville*, village rendu célèbre par la résidence et la mort de J. J. Rousseau.

SEINE-ET-OISE.

Ce département, qui doit son nom à la Seine et à celui de ses affluents qui l'arrose plus particulièrement, a 5,603 kil. c. de superficie et une population de 484,000 hab.; il forme 6 arrondissements, savoir : arr. de Versailles, ch.-l. de préfecture; *Corbeil, Etampes, Mantes, Pontoise* et *Rambouillet*. ch.-l. de sous-préfectures.

Remarque. — Ce département ressortit à l'évêché de Versailles, à la Cour impériale et à l'Académie de Paris, et fait partie de la 1re division militaire dont le siége est à Paris. Il est tout agricole et renferme trois établissements modèles : Grignon, Rambouillet et Fromont; meuneries de premier ordre à Étampes, Corbeil, Pontoise, etc.; manufacture impériale de porcelaines à Sèvres.

Versailles (39,300 hab.), chef-lieu du département, siège d'un évêché, est bâtie au milieu de bois et de collines : des lignes de fer la relient à Paris et à Chartres. Cette ville, qui, de Louis XIV à la révolution de 1789, fut la résidence du chef de l'Etat, renferme un magnifique château, aujourd'hui converti en musée historique, et un parc célèbre qui aboutit aux deux petits palais de Trianon. Versailles n'a aucune industrie, et est devenue une de nos grandes villes de garnison. Patrie de l'abbé de l'Épée, du général Hoche, de Ducis, du maréchal Berthier. — *Saint-Cyr-l'École* (2,200 hab.), village aux portes de Versailles, possède l'école militaire, où se forme une partie des officiers de notre armée, et qui occupe les bâtiments où madame de Maintenon faisait élever les demoiselles nobles sans fortune. — *Sèvres* (5,700 hab.), petite ville sur la rive gauche de la Seine, possède une célèbre manufacture de porcelaines créée par Louis XV, en 1750. — *Saint-Cloud* (4,400 hab.); *Meudon* (4,800 hab.), petites villes avec des châteaux célèbres. Celui de Saint-Cloud a été le théâtre d'événements importants dans l'histoire de notre pays : Henri III y fut assassiné en 1589; Bonaparte y fit le coup d'État du 18 brumaire, et Charles X y signa (1830) les fameuses ordonnances qui amenèrent sa déchéance. — *Saint-Germain-en-Laye* (14,300 hab.), sur une éminence qui domine la Seine, possède un château célèbre où naquit Louis XIV (1638), et où mourut Jacques II d'Angleterre (1701).

Corbeil (5,000 hab.), au confluent de l'Essonne avec la Seine, communique avec Paris par une ligne de fer, et fait un grand commerce de grains et farines.

Étampes (8,000 hab.), sur la Juine et sur la ligne ferrée de Paris à Orléans, fait un grand commerce de farines, de laines-métis lavées à chaud pour nos fabriques de Sedan, Louviers, Elbeuf, grande exploitation de grès pour le pavage de Paris.

Mantes (5,000 hab.), sur la rive gauche de la Seine et la ligne ferrée de Paris à Rouen, Dieppe, le Havre, Caen, Cherbourg, est une jolie petite ville qui sert de marché aux produits de la riche contrée agricole qui l'entoure. — *Rosny*, près de Mantes, a vu naître Sully.

Pontoise (5,600 hab.), sur une colline au confluent de la Voisne et de l'Oise, fait un grand commerce de farines, veaux, etc. Patrie du général Leclerc.

Rambouillet (4,300 hab.), a un beau château et une bergerie modèle.

SEINE-ET-MARNE.

Ce département, qui emprunte son nom au fleuve et à la rivière qui l'arrosent, a 5,736 kil. c. de superficie et une population de 341,000 hab. ; il est partagé en 5 arrondissements : savoir : Melun, ch.-l. de préfecture; *Coulommiers*, *Fontainebleau*, *Meaux* et *Provins*, ch.-l. de sous-préfectures.

Remarque. — Ce département ressortit à l'évêché de Meaux, à la Cour impériale et à l'Académie de Paris, et fait partie de la 1re division militaire dont le siége est à Paris. Il est essentiellement agricole; les raisins dits de Fontainebleau sont célèbres, et l'exploitation des carrières de grès, de pierres à meules et de pierres à bâtir est très-importante.

Melun (10,300 hab.), chef-lieu du département, est bâtie sur les bords de la Seine : maison centrale de détention, grand commerce de grains. Melun est la patrie de J. Amyot.

Coulommiers (4,200 hab.), sur le Grand-Morin, dans une contrée fertile, est un des marchés d'approvisionnement de Paris pour le blé, les vaches, les veaux, les porcs, les moutons, les fruits et les fromages de Brie.

Fontainebleau (10,600 hab.), est bâtie au milieu d'une magnifique forêt, et possède un des plus beaux palais de l'Europe : Napoléon Ier y signa sa première abdication (1814). — *Thomery*, village près de Fontainebleau, est célèbre par la production des raisins dits de Fontainebleau. —*Montereau* (6,000 hab.) au confluent de l'Yonne et de la Seine, est célèbre par l'assassinat du duc de Bourgogne, Jean-sans-Peur (1419), et la victoire de Napoléon (1814).

Meaux (10,000 hab.), siége d'un évêché, est située sur la Marne et près du canal de l'Ourcq; cathédrale remarquable. Elle compte Bossuet au nombre de ses évêques. Grand commerce de grains, fromages de Brie.

Provins (7,700 hab.) n'a rien de remarquable : commerce de laines, blés, vins et roses.

SEINE.

Ce département, le plus petit de France, n'a que 475 kil. c. de superficie, mais il contient la plus grande masse de population agglomérée, 1,727,500 hab. Il forme 3 arrondissements, savoir : Paris, ch.-l. de préfecture; *Saint-Denis* et *Sceaux*, ch.-l. de sous-préfectures.

Remarque. — Ce département ressortit à l'archevêché, à la Cour impériale et à l'Académie de Paris, et fait partie de la 1re division militaire dont le siége est à Paris. — Culture maraîchère soignée, grande exploitation de carrières à plâtre, moellons, pierres à bâtir; industrie hors ligne.

Paris (1,526,000 hab.), chef-lieu du département et capitale de la France, est le siége d'un archevêché, de la Cour de cassation, d'une Cour impériale, etc., d'un des six grands commandements, de la 1re division militaire, d'une académie, etc. Placée sur les deux rives de la Seine, elle couvre une superficie de plus de 7,400 hectares. Une enceinte fortifiée de 53,930 mèt. de développement et 16 forts détachés en font une place de guerre importante. 28 routes et neuf chemins de fer partent de son enceinte et aident à son action centralisante sur le reste de l'empire. Plus de 25 ponts permettent de franchir la Seine, encaissée dans de magnifiques quais. Des palais remarquables, des églises, chefs-d'œuvre de toute époque, des places presque toutes ornées de belles constructions, de colonnes commémoratives, de fontaines monumentales ou de squares; des rues régulières, larges et bien aérées; une promenade, celle du bois de Boulogne, unique au monde, mettent Paris au premier rang parmi les capitales d'empires. Ses cours publics, ses académies, ses sociétés savantes, littéraires et artistiques, ses écoles Polytechnique, Normale supérieure, des Beaux-arts, Centrale, ses bibliothèques publiques, ses musées de toute sorte, en ont fait l'Athènes moderne. Enfin sa bijouterie, son orfévrerie, sa quincaillerie, sa chapellerie, ses fleurs artificielles, ses papiers peints, sa fabrication d'armes, d'instruments de musique, de bronzes, d'horlogerie, d'ébénisterie, occupent 400,000 ouvriers et imposent leurs produits au monde entier, et donnent lieu à une exportation dont la valeur annuelle est de 250 millions de francs. Paris est divisée en 20 arrondissements ou mairies; mais l'administration réelle est confiée au préfet de la Seine, assisté d'un conseil dont tous les membres sont nommés par le chef de l'Etat. Des revenus qui atteignent 100 millions environ permettent de pourvoir aux besoins et aux embellissements de cette grande cité. Paris est la patrie de Boileau, Molière, Regnard,

J. B. Rousseau, Beaumarchais, Ch. Perrault, Mansard, Condé, Luxembourg, Voltaire, etc.

Saint-Denis (18,000 hab.), sur le canal qui joint la Seine au canal de l'Ourcq et sur le chemin de fer du Nord, est célèbre par son abbaye, dans les caveaux de laquelle nos rois sont ensevelis. Commerce de farine, vins, vinaigre, distilleries, filatures de laines, impressions sur étoffes, fonderies de fer et de cuivre.

Sceaux (2,000 hab.), sur la ligne de fer de Paris à Orsay, a un marché aux bestiaux.

AISNE.

Ce département, qui doit son nom à un des affluents de l'Oise, a 7,352 kil. c. de superficie et une population de 555,500 hab. ; il forme 5 arrondissements, savoir : Laon, ch.-l. de préfecture ; *Château-Thierry*, *Saint-Quentin*, *Soissons* et *Vervins*, ch.-l. de sous-préfectures.

Remarque. — Ce département ressortit à l'évêché de Soissons, à la Cour impériale d'Amiens, à l'Académie de Douai, et fait partie de la 4e division militaire, dont le siége est à Châlons-sur-Marne. — Sol fertile, agriculture très-avancée : céréales dont on exporte un tiers ; légumes renommés ; forêts considérables ; oseraies qui fournissent au travail de 4 à 5,000 ouvriers vanniers ; élève de bétail ; fabriques de cotonnades et de linge fin ; manufactures de glaces à *Saint-Gobain* ; verreries à *Prémontré*, *Folembray*, *Quiquengrogne*, etc.

Laon (10,400 hab.) est située sur une montagne, au milieu d'une plaine ; elle a de vieilles fortifications. On cite sa cathédrale. Laon a peu d'industries, mais fait un commerce assez important de grains. C'est la patrie de saint Remi et du maréchal Serrurier.

Château-Thierry (5,500 hab.), sur la rive droite de la Marne. Patrie de la Fontaine. — La *Ferté-Milon*, sur l'Ourcq canalisé, a vu naître Racine.

Saint-Quentin (27,600 hab.), sur la Somme et sur le canal qui porte son nom, a d'importantes fabriques d'étoffes de coton, de tulles, de dentelles, etc. Bataille de 1557 perdue par le connétable de Montmorency.

Soissons (10,500 hab.), et siége d'un évêché, est une ville fortifiée bâtie sur la rive gauche de l'Aisne ; elle fait un grand commerce de céréales et de haricots.

Vervins (2,700 hab.) est une petite ville qui ne mérite d'être citée que pour le traité de 1598, signé par Henri IV et Philippe II.

CHAMPAGNE.

La Champagne, dont la capitale était *Troyes*, fut acquise à la France sous Philippe de Valois (1328), par échange avec Jeanne, reine de Navarre, contre les comtés d'Évreux, de Longueville et de

Mortagne, et l'Angoumois. Elle comprenait : la Champagne propre (Troyes), le Rémois (Reims), le Rethelois (Rethel), le Perthois (Vitry), le Vallage (Bar-sur-Aube), le Bassigny (Chaumont), le Senonais (Sens), la Brie champenoise (Meaux) et la principauté de Sedan. — On en a formé quatre départements : les ARDENNES, ch.-l. *Mézières*; la MARNE, ch.-l. *Châlons-sur-Marne*; la HAUTE-MARNE, ch.-l. *Chaumont*; l'AUBE, ch.-l. *Troyes*.

ARDENNES.

Ce département, qui doit son nom à la forêt de ce nom et appartient en grande partie au bassin de la mer du Nord, a 5,232 kil. c. de superficie et une population de 322,000 hab. Il comprend 5 arrondissements, savoir : MÉZIÈRES, ch.-l. de préfecture; *Rethel, Rocroi, Sedan*, et *Vouziers*, ch.-l. de sous-préfectures.

Remarque. — Le département des Ardennes ressortit à l'archevêché de Reims, à la Cour impériale de Metz, à l'Académie de Douai, et fait partie de la 4e division militaire dont le siége est à Châlons-sur-Marne. — Sol peu fertile, excepté dans la vallée de l'Aisne; forêts et prairies nombreuses; moutons estimés; ardoisières renommées; mines de fer et industries en dépendant; fabrication importante de draps.

MÉZIÈRES (4,600 hab.), chef-lieu du département, n'a d'importance que comme position militaire; elle est sur la rive droite de la Meuse, en regard de Charleville, avec laquelle elle communique par un pont. Bayard s'illustra en la défendant avec une poignée d'hommes contre 35,000 impériaux (1521).

CHARLEVILLE (9,000 hab.), située sur la rive gauche de la Meuse, a une importante manufacture d'armes à feu.

RETHEL (7,400 hab.) est située sur une hauteur près de la rive droite de l'Aisne : fabriques de châles de cachemire, tissus mérinos et lainages

ROCROI (3,200 hab.), place forte, est placée à l'entrée de la forêt des Ardennes et sur la limite d'une région marécageuse; son nom rappelle une célèbre victoire du prince de Condé (1643).

SEDAN (15,000 hab.), place forte, est située sur la rive droite de la Meuse : fabrication importante de draps et lainages, teintureries; commerce de grains et de bestiaux. Patrie de Turenne.

VOUZIERS (2,000 hab.), sur la rive gauche de l'Aisne, a des fabriques de vannerie et fait un assez grand commerce de grains, pierres à bâtir, houille, ardoises.

MARNE

Ce département, qui tire son nom du principal des cours d'eau qui l'arrosent, a une superficie de 8,180 kil. c. et une population de 372,000 hab.; il forme 5 arrondissements, savoir : CHALONS-SUR-

Marne, ch.-l. de préfecture; *Épernay, Reims, Sainte-Ménehould et Vitry-le-François*, ch.-l. de sous-préfectures.

Remarque. — Ce département ressortit, pour l'arrondissement de Reims, à l'archevêché dont cette ville est le siége, et, pour les autres arrondissements, à l'évêché de Châlons, à la Cour impériale et à l'Académie de Paris; il fait partie de la 4ᵉ division militaire, dont le siége est à Châlons-sur-Marne. — Fertile au midi, aride au nord, ce département fournit des céréales au delà des besoins de sa population. Sa principale culture est celle de la vigne qui donne des vins renommés connus sous les noms de Sillery, d'Aï, etc., et dont le produit dépasse 700,000 hectolitres. — Exploitation importante de craie ; fabrication de draps et étoffes de laine, etc.

Châlons-sur-Marne (16,500 hab.), chef-lieu du département, siége d'un évêché et de la 4ᵉ division militaire, est bâtie sur la rive droite de la Marne. Commerce de grains et de vins; école des arts et métiers.

Épernay (9,300 hab.), sur la rive gauche de la Marne, fait un grand commerce de vins et de bois. — Montmirail (2,600 hab.). Victoire de Napoléon (1814).

Reims (51,700 hab.), siége d'un archevêché, est placée sur la rive droite de la Vesle, affluent de l'Aisne. Cette ville, cité sainte de la monarchie capétienne, est devenue une de nos grandes villes d'industrie ; elle a des fabriques de flanelles, mérinos, tartans, etc.; de vins de Champagne; de fourrures, de pelleteries, de biscuits, de produits chimiques; des fonderies, etc. C'est la patrie de Colbert.

Sainte-Ménehould (4,000 hab.), est une ancienne et jolie ville située entre deux rochers, sur l'Aisne ; elle n'a aucune industrie importante.

Vitry-le-François (7,800 hab.), ville fortifiée, sur la rive droite de la Marne, fait un grand commerce de laines, blé et bois. Cette ville doit son nom à François Iᵉʳ : en effet, sur son emplacement s'élevait le village de Maucourt, où ce prince transporta la population de Vitry en Perthois, que Charles-Quint venait d'incendier (1545). — *Vitry-en-Perthois* ou *Vitry-le-Brûlé*, aujourd'hui simple village, rappelle le motif qui décida Louis VII à se croiser.

HAUTE-MARNE.

Ce département, qui doit son nom à sa position par rapport au cours de la Marne, a une superficie de 6,219 kil. c. et une population de 256,500 hab. ; il forme 3 arrondissements, savoir : Chaumont, ch.-l. de préfecture; *Langres* et *Vassy*, ch.-l. de sous-préfectures.

Remarque. — Le département de la Haute-Marne ressortit à l'évêché de Langres, à la Cour impériale et à l'Académie de Dijon, et fait partie de la 7ᵉ division militaire dont le siége est à Besançon. — Les bois sont la seule richesse agricole de ce département qui tient le premier rang en France pour l'industrie du fer : le minerai abonde, et partout on y voit des forges, des hauts fourneaux, etc. — Sources minérales nombreuses, parmi lesquelles on cite celles de Bourbonne-les-Bains

Chaumont (9,200 hab.), chef-lieu du département, sur un plateau, près de la Marne, et de la ligne de fer de l'Est, a des fabriques de gants de peau. En 1814, les ennemis de la France y signèrent un traité contre Napoléon.

Langres (10,800 hab.), siége d'un évêché, est située sur un haut plateau, près des sources de la Marne et de la Bonnelle; elle est fortifiée, possède une des plus anciennes cathédrales de France etdes fabriques de coutellerie renommée. Patrie de Diderot.

Vassy (2,800 hab.), sur la Blaise, affluent de la Marne; célèbre par le massacre qu'y fit le duc de Guise (1562). — Saint-Dizier (7,600 hab.), sur la rive droite de la Marne, qui y devient navigable, est un des grands marchés de la France pour le bois et le fer.

AUBE.

Ce département, qui doit son nom à celui des affluents de la Seine qui le traverse, a une superficie de 6,001 kil. c. et une population de 261,500 hab.; il forme 5 arrondissements, savoir : Troyes, ch.-l. de préfecture; *Arcis-sur-Aube, Bar-sur-Aube, Bar-sur-Seine* et *Nogent-sur-Seine*, ch.-l. de sous préfectures.

Remarque. — Ce département ressortit à l'évêché de Troyes, à la Cour impériale de Paris, à l'Académie de Dijon, et fait partie de la 1re division militaire, dont le siége est à Paris. — Ce département, dont une partie est stérile, suffit cependant aux besoins de la population et donne de beaux produits en moutons et en porcs; l'industrie a quelque activité et se porte sur la bonneterie, les tissus de coton et la craie dite blanc d'Espagne.

Troyes (33,000 hab.), chef-lieu du département, siége d'un évêché, est située sur la rive gauche de la Seine, qui y forme plusieurs canaux, et sur la ligne de fer de l'Est; cathédrale très-belle. Son industrie consiste dans la bonneterie, la ganterie et les tricots de coton. C'est à Troyes que fut signé (1419) entre Isabelle de Bavière et Henri V d'Angleterre le traité qui déshéritait le Dauphin (Charles VII). Troyes est la patrie du pape Urbain IV, de l'historien Juvénal des Ursins, du jurisconsulte Pithou et du peintre Mignard.

Arcis-sur-Aube (2,700 hab.) est située sur l'Aube, au point où elle devient navigable; fabriques de bonneterie.

Bar-sur-Aube (4,700 hab.), sur la rive droite de l'Aube, est une assez jolie ville, sur le chemin de fer de l'Est. — *Brienne-Napoléon* (2,000 hab.) qui possédait avant la Révolution une école militaire où Napoléon fut élevé.

Bar-sur-Seine (2,000 hab.), sur la rive gauche de la Seine, est une ancienne et jolie ville; elle a des fabriques d'eau-de-vie et fait un commerce important de vins, chanvre, laine et bois.

Nogent-sur-Seine (3,400 hab.), sur la Seine, est un des marchés d'approvisionnement de Paris pour le bois : il y a quatre fois par an des foires importantes pour la vente des chanvres, des bestiaux et des grains. — *Romilly-sur-Seine* (3,900 hab.) a des fabriques de bonneterie très-importantes.

NORMANDIE.

La Normandie, définitivement réunie à la France sous Charles VII
qui la conquit sur les Anglais, était divisée en haute Normandie et
en basse Normandie, séparées par la Touques : dans la première on
trouvait : le Roumois (Rouen), le pays de Caux (Caudebec), le Vexin
normand (Gisors), le pays de Bray (Gournay), le Lieuvin (Lisieux),
le pays d'Auge (Pont-l'Évêque), le pays d'Ouche (Bernay) ; — dans
la seconde, la campagne d'Alençon, le pays d'Houlme (Domfront),
le Bessin (Bayeux), la campagne de Caen, le Bocage (Vire), le
Cotentin (Coutances), l'Avranchin (Avranches). Cette province,
dont la capitale était *Rouen*, forme aujourd'hui cinq départements,
savoir : dép. de l'Eure, ch.-l. *Évreux* ; Seine-Inférieure, ch.-l.
Rouen ; Calvados, ch.-l. *Caen* ; Orne, ch.-l. *Alençon* ; Manche,
ch.-l. *Saint-Lô*.

EURE.

Ce département, qui doit son nom à la rivière qui en arrose la
partie orientale, a 5,957 kil. c. de superficie et une population de
404,600 hab. Il forme 5 arrondissements, savoir : Évreux, ch.-l. de
préfecture ; les *Andelys*, *Bernay*, *Louviers*, et *Pont-Audemer*,
ch.-l. de sous-préfectures.

Remarque. — Ce département ressortit à l'évêché d'Évreux, à la Cour impériale de Rouen et à l'Académie de Caen, et fait partie de la deuxième division militaire dont le siége est à Rouen.

Sol généralement fertile, surabondance de céréales et de fourrages ; belles
forêts ; élève de chevaux et de bestiaux ; — industrie florissante ; fonderies de cuivre, fabriques de clous et d'épingles, manufactures de draps et filatures de coton ; verreries et papeteries.

Évreux (12,200 hab.), chef-lieu du département et siége d'un évêché, est
située sur l'Iton, affluent de l'Eure ; belle cathédrale ; fabrique de coutils et
de bonneterie ; commerce important de grains. —Vernon (7,600 hab.), petite
ville sur la Seine, mérite d'être citée pour son parc de construction des équi-
pages militaires.

Les Andelys (5,000 hab.) est formée de deux petites villes, le grand et le
petit Andelys, distantes d'un kilomètre l'une de l'autre. On y fait un grand
commerce de bestiaux, grains, laines, toiles, bas, et l'on y fabrique des draps
fins et des cotonnades.

Bernay (7,200 hab.), sur la rive gauche de la Charentonne, affluent de la
Rille, est une ville fort ancienne, qui fait un commerce important de grains,
chevaux, bestiaux, toiles, cuirs, et qui possède des manufactures de draps,

toiles, flanelles, etc. Tous les ans, foire renommée pour la vente des chevaux.

Louviers (10,600 hab.) est située sur l'Eure : fabrique renommée de draps fins, teintureries importantes

Pont-Audemer (6,100 hab.), sur la rive gauche de la Rille, qui commence à y être navigable, a une industrie assez active : ses tanneries, corroieries et mégisseries sont renommées : elle a des foires importantes pour bestiaux, toiles, mercerie et draperie. — *Quillebeuf* (1,500 h.), port sur la rive gauche de la Seine, a un service de pilotage obligatoire pour la navigation de la basse Seine.

SEINE-INFÉRIEURE.

Ce département, qui doit son nom à sa position dans la partie inférieure du bassin de la Seine, a 6,000 kil. c. de superficie et une population de 769,500 hab. ; il forme 5 arrondissements, savoir : Rouen, ch.-l. de préfecture ; *Dieppe, le Hâvre, Neufchâtel* et *Yvetot*, ch.-l. de sous-préfectures.

Remarque. — Ce département ressortit à l'archevêché et à la Cour impériale de Rouen et à l'académie de Caen ; il fait partie de la deuxième division militaire dont le siége est à Rouen et de la première préfecture maritime (Cherbourg).

Sol très-fertile, agriculture avancée, riches herbages et beaux bois ; élève de chevaux, de bestiaux et de volailles ; sur les côtes, pêche importante. — Industrie : fabrication d'étoffes de laine et de cotonnades ; filatures, imprimeries et teintureries d'étoffes,

Rouen (103,200 h.), chef-lieu du département, siége d'un archevêché, d'une cour impériale et de la deuxième division militaire, est située sur les deux rives de la Seine, au pied de côteaux qui la dominent de trois côtés : on cite sa cathédrale, l'église Saint-Ouen, l'église Saint-Maclou, le palais de justice, etc. — Rouen est le centre d'une grande fabrication d'étoffes de coton et de bonneterie, etc.; confiserie renommée. Patrie des deux Corneille, de Benserade, Fontenelle, Boiëldieu, Jouvenet, Dulong et du général Duvivier. — *Elbeuf* (18,800 hab.), sur la rive gauche de la Seine, et *Caudebec-lez-Elbeuf* (8,200 hab.), ont d'importantes fabriques de draps.

Dieppe (19,200 hab.) est située à l'embouchure de la Béthune : son port, quoique souvent barré par les sables, est un des premiers de France pour la grande pêche : un vieux château le protége. On y fabrique des dentelles, de l'ivoirerie, de l'horlogerie. C'est la patrie de Duquesne.

Le Havre (64,000 hab.) est une grande et belle ville, à l'embouchure et sur la rive droite de la Seine : c'est le premier port de commerce de la France, après Marseille : elle a des services réguliers de paquebots avec l'Angleterre, les États du Nord, l'Amérique et les Indes, et communique avec Paris par une voie ferrée. Cette ville est le grand entrepôt des cotons et des sucres de l'Amérique ; sa prospérité lui a fait franchir la ligne des fortifications tracées jadis par Vauban ; ses anciens quartiers disparaissent; une nouvelle ville et de nouvelles fortifications s'élèvent. Le Havre est la patrie de Bernardin de Saint-Pierre et de Casimir Delavigne. — *Bolbec* (9,800 hab.).

jolie petite ville, sur la ligne de Rouen au Havre, a des fabriques de toiles peintes et de tissus mécaniques.

Neufchatel (3,500 hab.), sur le penchant d'un coteau que baigne la Béthune, fait un grand commerce de volailles et de fromages.

Yvetot (8,600 hab.), est une ville fort ancienne, située au milieu d'une contrée fertile, sur la ligne de fer de Paris au Havre : elle a des fabriques de toiles, basins, draps, calicots, et des foires importantes.

CALVADOS.

Ce département, qui doit son nom à la ligne de rochers qui borde ses côtes, a 5,520 kil. c. de superficie et une population de 478,500 hab.; il forme 6 arrondissements, savoir : arr. de Caen, ch.-l. de préfecture; *Bayeux, Falaise, Lisieux, Pont-l'Évêque et Vire*, ch.-l. de sous-préfectures.

Remarque. — Ce département ressortit à l'évêché de Bayeux, à la cour impériale et à l'académie de Caen, fait partie de la deuxième division militaire dont le siége est à Rouen et appartient à la première préfecture maritime (Cherbourg). — Sol fertile, surabondance de céréales; grande culture de lin, de chanvres et de plantes oléagineuses; prairies très-riches, élève de gros bétail, de chevaux, porcs et volailles. Fabrication de dentelles, bonneterie, toiles, draps et molletons.

Caen (41,500 hab.), chef-lieu du département, siége d'une cour impériale et d'une académie, est située au confluent de l'Orne et de l'Odon : un canal la fait communiquer à la mer. Belle cathédrale qui renferme le tombeau de Guillaume le Conquérant. Fabrication de dentelles, bonneterie de coton ; foires importantes. Caen est la patrie de Malherbe, de Segrais et de Malfilâtre.

Bayeux (9,600 hab.), évêché, est située sur l'Aure, dans une plaine célèbre par sa fertilité et sur la ligne de fer de Paris à Cherbourg. Fabrication de dentelles. — *Isigny* (2,000 hab.) est un de nos grands marchés pour le beurre.

Falaise (8,500 hab.) a des fabriques de bonneterie de coton, de siamoises. — *Guibray*, gros bourg, près de Falaise, est célèbre par la foire qui s'y tient le 15 août.

Lisieux (13,000 h.), sur la Touques et la ligne de fer de Cherbourg, est connue par sa fabrication de draps, flanelles, toiles, etc. — *Livarot* (1,576 h), renommée par ses fromages.

Pont-l'Évêque (2,024 hab.), sur la Touques, fait un grand commerce en bestiaux, bois, fromage, beurre. — *Honfleur* (9,100 hab.), la ville la plus importante de l'arrondissement, est située à l'embouchure et sur la rive gauche de la Seine : son port est très-fréquenté par les navires anglais et des États scandinaves, qui y apportent de la houille, des bois du Nord et du fer. Elle a des raffineries de sucre, des brasseries renommées et fait avec l'Angleterre un grand commerce d'œufs, de volailles et de fruits.

Vire (7,000 hab.), sur un rocher que baigne la Vire, est une ville très-ancienne : elle possède des fabriques de draps et de papiers et des tanneries. —

Condé-sur-Noireau (7,000 hab.), au confluent du Noireau et de la Drouance, est une de nos villes les plus importantes pour la fabrication des coutils et la filature des cotons.

ORNE.

Ce département, qui doit son nom au petit fleuve qui y prend naissance, appartient pour une petite partie au bassin de l'Océan : sa superficie est de 6,097 kil. c. et sa population de 430,000 hab.; il forme 4 arrondissements, savoir : ALENÇON, ch.-l. de préfecture; *Argentan, Domfront* et *Mortagne*, ch.-l. de sous-préfectures.

Remarque. — Le département de l'Orne ressortit à l'évêché de Séez, à la cour impériale et à l'Académie de Caen, et fait partie de la deuxième division militaire, dont le siége est à Rouen. — Agriculture peu avancée; prairies naturelles; bois nombreux; grande production de chevaux; mines de fer; fabrication renommée d'aiguilles, d'épingles et de dentelles.

ALENÇON (16,400 hab.), chef-lieu du département, au confluent de la Sarthe et de la Brillante, est connue par la fabrication des dentelles dites points d'Alençon et des toiles. — *Séez* (5,000 hab.), siége d'un évêché, est située sur l'Orne; elle n'a rien de remarquable.

ARGENTAN (5,800 hab.), sur une hauteur, est une jolie ville qui fait un grand commerce de volailles et de chevaux; elle a des fabriques d'eaux-de-vie, des tanneries, des mégisseries, etc. — *Le Pin-au-Haras* (500 hab.), village qui possède le plus célèbre de nos haras et une vacherie impériale.

DOMFRONT (2,800 hab.), près de la rive gauche de la Varennes, sur un rocher escarpé, fait un grand commerce de chevaux et de grains, a des foires importantes. — La *Ferté-Macé* (6,500 hab.) a d'importantes fabriques de passementerie, de coutil fil et coton, croisés, toiles de fil et coton, etc. — *Flers* (9,217 hab.) est le centre d'une grande fabrication de toiles, coutils et cotons filés. — *Tinchebray* (4,179 hab.), petite ville sur le Noireau, rappelle la défaite de Robert de Normandie par son frère Henri d'Angleterre (1106).

MORTAGNE (4,900 hab.), sur une hauteur, a de nombreuses fabriques de toiles et coutils; foire importante pour chevaux, bestiaux, toiles, fils, grains. — *Laigle* (5,700 hab.), jolie petite ville sur la Rille, a d'importantes fabriques d'épingles, aiguilles à coudre, gants, quincaillerie, etc.

MANCHE.

Ce département, qui prend son nom du bras de mer sur lequel il forme promontoire, a une superficie de 5,928 kil. c. et une population de 595,202 hab.; on le divise en 6 arrondissements, savoir : SAINT-LÔ, ch.-l. de préfecture, *Avranches, Cherbourg, Coutances, Mortain* et *Valognes*, ch.-l. de sous-préfectures.

Remarque. — Le département de la Manche ressortit à l'évêché de Coutances, à la cour impériale et à l'académie de Caen ; il fait partie de la seizième division militaire, dont le siége est à Rennes, et est compris dans la première préfecture maritime (Cherbourg). Sol généralement fertile ; surabondance de céréales ; belles races de chevaux et de gros bétail; beurre renommé ; volailles, huîtres et poisson.

SAINT-LÔ (9,700 hab.), chef-lieu du département, sur un rocher que baigne la Vire, a des fabriques importantes de draps, flanelles, coutils ; marché considérable pour les chevaux, les bestiaux, le beurre, la volaille, etc.

AVRANCHES (8,700 hab.), et jadis siége d'un évêché, a des fabriques de couvertures et fait un commerce important de chevaux, bestiaux, etc. — *Granville* (13,500 hab.), la plus importante ville de l'arrondissement, est placée à l'embouchure du Boscq, sur un rocher qui s'avance dans la mer : c'est un de nos ports de grande pêche : il s'y construit beaucoup de navires ; pêche importante des huîtres dites de Cancale, salaison de poisson ; exportation de bestiaux pour les îles anglo-normandes. — *Mont-Saint-Michel*, rocher isolé à environ 3 kilomètres de la côte, est dominé par les bâtiments d'une ancienne abbaye, convertie aujourd'hui en prison d'État. Un bourg de 1,000 à 1,200 habitants s'est formé au pied de la forteresse.—*Villedieu-les-Poéles* (3,700 hab.), sur la Sienne, doit la seconde partie de son nom à la fabrication des poêles, qui occupe presque toute la population.

CHERBOURG (38,300 hab.), siége de la première préfecture maritime, est à l'extrémité de la presqu'île du Cotentin. C'est un de nos grands ports militaires, il est de création moderne, et doit tout au travail de l'homme.

COUTANCES (7,900 hab.), siége d'un évêché, est bâtie sur une colline que baigne la Soulle, et à 7 kilomètres de la mer. C'est une ancienne ville qui fait un grand commerce de grains, beurre, volailles, chevaux, bestiaux, etc.; elle a quelques fabriques de parcheminerie.

MORTAIN (2,500 hab.), petite ville sur la Cance, a des fabriques de toiles, des filatures de coton, des papeteries et des foires pour les grains et les bestiaux.

VALOGNES (5,700 hab.), est une jolie ville, qui n'a point d'industrie ou de commerce important. — *Saint-Vast-la-Hougue* (4,100 hab.), port sur la Manche, prend tous les jours plus d'importance : son nom rappelle la grande bataille navale de 1692 ; on y construit des navires et l'on y fait le commerce de bois du Nord, la pêche des huîtres et la salaison du maquereau.

BASSIN DE L'OCÉAN ATLANTIQUE

Ce bassin renferme 18 de nos anciennes provinces, savoir : BRETAGNE, cap. *Rennes;* MAINE, cap. *le Mans;* ANJOU, cap. *Angers;* TOURAINE, cap. *Tours;* ORLÉANAIS, cap. *Orléans;* BERRY, cap. *Bourges;* NIVERNAIS, cap. *Nevers;* BOURBONNAIS, cap. *Moulins;* MARCHE, cap. *Guéret;* LIMOUSIN, cap. *Limoges;* POITOU, cap. *Poitiers;* ANGOUMOIS, cap. *Angoulême;* AUNIS et SAINTONGE, cap. *la Rochelle;* GUYENNE, et GASCOGNE, cap. *Bordeaux;* BÉARN, cap.

Pau; CÔMTÉ DE FOIX, cap. *Foix;* LANGUEDOC, cap. *Toulouse;* AUVERGNE, cap. *Clermont.*

BRETAGNE.

La Bretagne, ancienne Armorique (pays de la mer), doit son nom aux Bretons, qui, chassés de la Grande-Bretagne par les Saxons, vinrent s'y réfugier et se fondre dans une population de même origine qu'eux. — Cette province, dont la capitale était Rennes, fut réunie nominalement à la France par le mariage de Charles VIII avec Anne de Bretagne, et virtuellement en 1532 sous François Ier, qui obtint des états une déclaration de réunion. — Elle forme 5 départements, savoir : CÔTES-DU-NORD, ch.-l. *Saint-Brieuc;* ILLE-ET-VILAINE, ch.-l. *Rennes;* MORBIHAN, ch.-l. *Vannes;* FINISTÈRE, ch.-l. *Quimper;* LOIRE-INFÉRIEURE, ch.-l. *Nantes.*

COTES-DU-NORD.

Ce département, qui doit son nom à la position qu'il occupe par rapport au reste de la province, appartient pour la plus grande partie de son territoire au bassin de la Manche : il a 6,885 kil. c. de superficie et une population de 621,500 hab. On l'a divisé en 5 arrondissements, savoir : SAINT-BRIEUC, ch.-l. de préfecture; *Dinan, Loudéac, Lannion* et *Guingamp,* ch.-l. de sous-préfectures.

Remarque. — Le département des Côtes-du-Nord ressortit à l'évêché de Saint-Brieuc, à la Cour impériale et à l'Académie de Rennes; il fait partie de la 16e division militaire dont le siége est à Rennes, et de la 2e préfecture maritime (Brest). —Agriculture arriérée, prairies nombreuses, élève de bétail, de chevaux et d'abeilles; exploitation de granit et d'ardoises, sources minérales nombreuses, pêcheries, fabriques de toiles et tanneries importantes.

SAINT-BRIEUC (14,900 hab.), chef-lieu du département et siége d'un évêché, est située sur le Gouet et à 4 kilom. de son embouchure. Son port, placé à 1 kilom. au-dessous, au village de Legué, est sûr et accessible aux bâtiments de 350 tonneaux. On y arme pour la pêche de Terre-Neuve, de la mer du Sud et des Antilles; on y fabrique des toiles et des serges. Importation de fer et de bois du Nord; exportation de fil, légumes, salaisons.

DINAN (8,200 hab.), à la tête du canal d'Ille-et-Rance, est une ville très-ancienne : son port communique avec celui de Saint-Malo par le flux et le reflux. Commerce de grains, cidre, beurre, cire, miel, etc. L'une de ses églises celle de Saint-Sauveur, renferme le cœur de Duguesclin. Dinan est la patrie de Duclos.

Loudéac (6,000 hab.), petite ville située sur l'Oust, a des forges, des papeteries et des fabriques de toiles : elle fait un grand commerce de bestiaux.

Lannion (6,600 hab.), située sur le Guer, fait un grand commerce d'exportation de grains, chanvre, fil, chevaux, bétail, beurre, etc., et d'importation de vins, eaux-de-vie, sapins du Nord et denrées coloniales. — *Tréguier* (3,400 h.) est un excellent port sur la Manche; elle arme pour la pêche d'Islande, et fait un assez grand commerce de grains, de vins et eaux-de-vie. Cette ville était autrefois le siége d'un évêché.

Guingamp (6,900 hab.), sur le Trieux, au milieu d'une contrée de prairies, a des fabriques de toiles. C'est l'ancienne capitale du duché de Penthièvre.

ILLE-ET-VILAINE.

Ce département, qui tire son nom de deux des cours d'eau qui le traversent, a 6,725 kil. c. de superficie et 580,900 hab. On le divise en 6 arrondissements, savoir : Rennes, ch.-l. de préfecture ; *Fougères, Montfort, Saint-Malo, Vitré* et *Redon*, ch.-l. de sous-préfectures.

Remarque. — Le département d'Ille-et-Vilaine ressortit à l'archevêché, à a cour impériale et à l'Académie de Rennes ; il fait partie de la 16e division militaire dont le siége est à Rennes, et de la 2e préfecture maritime (Brest). — Des forêts, des landes et des bruyères couvrent près de la moitié de ce département, qui ne donne point de récoltes suffisantes pour sa population. L'élève du bétail et des chevaux y réussit. L'industrie consiste surtout dans la fabrication des toiles, la filature du lin et du chanvre, dans les tanneries, les forges, les hauts fourneaux, etc. ; la pêche est exercée par tous les habitants des côtes.

Rennes (45,600 hab.), chef-lieu du département, siége d'un archevêché, d'une cour impériale, d'une académie et d'une division militaire, est placée sur le penchant d'une colline, au confluent de l'Ille et de la Vilaine. C'est une grande et belle ville, bien bâtie et ornée de belles places ; un chemin de fer la relie à Paris. Elle fait un grand commerce en toiles, fil, lins, papiers, cuirs, volailles, beurre, etc. Rennes est la patrie du jurisconsulte Toullier, de la Chalotais, procureur général au parlement de Bretagne, et de l'historien dom Lobineau.

Fougères (9,300 hab.), au confluent du Nançon avec le Couesnon, est une jolie ville jadis fortifiée ; elle a une importante fabrication de toiles à voiles et d'emballage. — *Saint-Aubin-du-Cormier* (2,000 hab.), célèbre par la bataille qu'y gagna Charles VIII en 1488.

Montfort (2,100 hab.), sur un coteau entre le Meu et le Garun; commerce de beurre, foires assez importantes.

Saint-Malo (10,800 hab.), ville forte située sur l'île d'Aron qu'une chaussée rattache au continent, a un port très-sûr, mais d'un accès assez difficile et une rade fermée par une ceinture d'îlots et défendue par sept forts. Saint Malo est un des grands entrepôts commerciaux de cette côte; elle fait des armements pour les Indes et pour la grande pêche. C'est la patrie de Duguay-

Trouin, de Jacques Cartier, qui découvrit le Canada, de Maupertuis le mathématicien, de Labourdonnais et de Surcouf, célèbres marins, enfin de Broussais, chef d'une nouvelle école médicale. — *Cancale* (6,100 hab.), célèbre par ses pêcheries d'huîtres. — *Combourg* (5,000 hab.), petite ville qui vit naître Chateaubriand. — *Saint-Servan* (12,800 hab.), à l'embouchure de la Rance, arme pour la grande pêche et fabrique des câbles.

Vitré (8,800 hab.), sur la Vilaine, est ceinte de fortifications anciennes, et dominée par un vieux château. Fabriques de toiles et de tricots, tanneries, grand commerce de miel, cire et cantharides.

Redon (5,400 hab.), sur la Vilaine et à la limite occidentale du département, a un port très-fréquenté : c'est un des grands entrepôts de la Bretagne pour le sel, les vins de Bordeaux et les fers de Suède ; commerce considérable des châtaignes dites marrons de Redon.

MORBIHAN.

Ce département, qui tire son nom du golfe formé sur ses côtes, ce qui s'exprime en breton par les mots *Mor bihan*, petite mer, a une superficie de 6,797 kil. c. et une population de 473,900 hab. On le divise en 4 arrondissements, savoir : Vannes, ch.-l. de préfecture; *Napoléonville, Lorient* et *Ploërmel*, ch.-l. de sous-préfectures.

Remarque. — Ce département ressortit à l'évêché de Vannes, à la Cour impériale et à l'Académie de Rennes; il est compris dans la 16e division militaire dont le siége est à Rennes, et dans la 3e préfecture maritime (Lorient). — Sol peu fertile, agriculture arriérée, élève considérable de bestiaux et de chevaux. Exploitation de mines de fer et de plomb, de carrières d'ardoises et de marbre, de sel marin. Industrie importante en toiles, draps communs, dentelles, cuir, etc. ; pêche très-active.

Vannes (14,000 hab.), chef-lieu du département, siége d'un évêché, est située dans le fond du golfe qui donne son nom au département : son port est peu important. Elle exporte du sel, des grains, et a, deux fois par an, des foires où il se fait un grand commerce de bestiaux, beurre, etc.

Napoléonville (8,000 hab.), sur le Blavet, a quitté son ancien nom (Pontivy) par reconnaissance pour le rôle que Napoléon Ier voulait lui faire jouer. Elle fait quelque commerce en grains, toiles, bestiaux, etc.

Lorient (28,400 hab.), chef-lieu de la 3e préfecture maritime, est un de nos cinq grands ports militaires : elle est bâtie à l'embouchure du Scorf et du Blavet; sa rade est grande et sûre. Lorient a des chantiers de construction, des forges et fonderies maritimes, et fait un grand commerce de cire, miel, sardines, etc. Fondée en 1664 par la compagnie des Indes. — *Auray* (3,900 hab.) a un petit port très-commerçant : elle est célèbre par le pèlerinage qui se fait à la chapelle de Sainte-Anne. Combat de 1364 où Duguesclin fut fait prisonnier. — *Le Palais* (4,800 hab.), chef-lieu de Belle-Ile, est une place forte; sa rade est excellente. — *Quiberon* (3,400 hab.), sur la presqu'île de ce nom, rappelle un triste épisode de la guerre de Vendée (1795)

— *Carnac* (3,900 hab.), bourg rendu célèbre par le voisinage de monuments druidiques.

PLOERMEL (5,200 hab.), au confluent de l'Oust et de la Malestroit, fait quelque commerce de bestiaux, chanvre, miel, etc.

FINISTÈRE.

Ce département, qui doit son nom (fin de la terre) à sa position à l'extrémité N. O. de la France, a une superficie de 6,724 kil. c. et une population de 606,500 hab. — Il forme 5 arrondissements, savoir : QUIMPER, ch.-l. de préfecture ; *Brest, Châteaulin, Morlaix* et *Quimperlé*, ch.-l. de sous-préfectures.

Remarque. — Le Finistère ressortit à l'évêché de Quimper, à la Cour impériale et à l'Académie de Rennes : il est compris dans la 16ᵉ division militaire (Rennes) et dans la 2ᵉ préfecture maritime (Brest). — Agriculture peu avancée qui donne cependant un excédant de produits ; élève de chevaux et de bétail, pêche, exploitation minière de plomb argentifère, d'ardoises, de pierres à aiguiser, etc.

QUIMPER (11,400 hab.), chef-lieu du département et siége d'un évêché, est située sur l'Odet : sa cathédrale, qui date du quinzième siècle, est le seul monument qu'on puisse citer. Quimper a quelques fabriques de poteries, des tanneries et des brasseries, et fait un grand commerce de grains, vins, eau-de-vie, cire, miel, toiles, poissons salés, etc. On ajoute habituellement au nom de cette ville celui de Corentin, qui rappelle son premier évêque. C'est la patrie de Fréron, l'adversaire de Voltaire.—*Concarneau* (2,300 hab.) et *Douarnenez* (4,400 hab.), pêcheries très-importantes de sardines.

BREST (54,600 hab.), chef-lieu et siége de la 2ᵉ préfecture maritime, est placée sur une magnifique rade : c'est notre premier port de guerre, et c'est là que se trouve notre école navale. Le commerce et l'industrie de cette ville n'ont pour but que les approvisionnements de notre marine. Brest est la patrie des amiraux Lamotte-Piquet, d'Orvilliers et Linois, etc. — *Landerneau* (6,500 hab.), petite ville qui a d'importantes manufactures de cuirs, et fait un commerce considérable de toiles et de fils.

CHATEAULIN (2,800 hab.), sur l'Aulne et le canal de Nantes à Brest, a des foires très-animées pour bestiaux, grains, beurre, chanvre, draps, volailles, etc., pêche importante de saumons.

MORLAIX (12,900 hab.), au confluent de deux petites rivières, a un port très-sûr : il s'y fait un grand commerce de grains, beurre, suif, miel, cire, toiles, papiers, plomb et litharge des environs ; on y arme pour la grande pêche. C'est la patrie du général Moreau.

QUIMPERLÉ (6,300 hab.), au confluent de l'Isolle et de l'Ellé, est une assez jolie ville qui fait un commerce assez actif de grains, de bestiaux et de cuirs.

LOIRE-INFÉRIEURE.

Ce département, qui doit son nom à sa position dans la partie inférieure du cours de la Loire, a 6,874 kil. c. de superficie et une population de 556,000 hab. — Ou le divise en 5 arrondissements, savoir : NANTES, ch.-l. de préfecture; *Ancenis, Châteaubriant, Paimbœuf* et *Savenay*, ch.-l. de sous-préfectures.

Remarque. — Il ressortit à l'évêché de Nantes, à la Cour impériale et à l'Académie de Rennes, et il est compris dans la 15e division militaire (Nantes), et la 3e préfecture maritime (Lorient). — Sol fertile et assez bien cultivé; production importante de vins et d'eaux-de-vie, pâturages excellents, élève de bétail, chevaux, porcs, volailles, abeilles; pêcheries abondantes; exploitation de fer, étain, pierres, tourbes, salines; fabrication de toiles, draps, papiers.

NANTES (108,500 hab.), chef-lieu du département, siége d'un évêché et de la 15e division militaire, est située sur la rive droite de la Loire, au confluent de l'Erdre et de la Sèvre nantaise : c'est une grande et belle ville, qui a des magasins d'approvisionnement pour Brest, Lorient et Rochefort; elle fait un commerce considérable des produits agricoles de la contrée; elle a des chantiers de construction pour navires du commerce, et des fabriques de tout ce qui est relatif à la marine : voiles, cordages, ancres, etc. Elle arme pour la grande pêche, et est en relations suivies avec l'Inde, la Chine, l'Afrique et l'Amérique. C'est à Nantes que Henri IV signa le fameux édit de pacification qui porte le nom de cette ville (1598).—L'île d'Indret sur la Loire, à 12 kilom. de Nantes, possède notre principal atelier pour la fabrication des machines à vapeur des bâtiments de l'État.

ANCENIS (4,200 hab.), sur la rive droite de la Loire, fait le commerce de bois de construction et de chauffage, de bestiaux, vins, vinaigres, etc.

CHATEAUBRIANT (4,000 hab.), sur la Chère, a une importante fabrication d'étoffes communes et de confitures sèches d'angélique.

PAIMBŒUF (4,500 hab.), sur la Loire, arme pour la grande pêche, et a des chantiers renommés pour la construction des gros navires et des bateaux à vapeur : elle reçoit les bâtiments qui ne peuvent remonter jusqu'à Nantes.

SAVENAY (2,600 hab.) a l'une des foires les plus considérables de la Bretagne pour les bestiaux. — *Le Croisic* (2,201 hab.), petit port connu pour ses pêcheries.

MAINE.

Le Maine, réuni à la couronne par Louis XI, en 1481, formait avec le Perche un gouvernement militaire dont la capitale était *le Mans;* accru de quelques parties de l'Anjou, il forme aujourd'hui deux départements, le département de la SARTHE, ch.-l. *le Mans* et le département de la MAYENNE, ch.-l. *Laval.*

SARTHE

Ce département, qui doit son nom à la rivière qui le traverse du N. au S. O., compte 6,206 kil. c. de superficie et 467,193 hab. ;

il forme 4 arrondissements, savoir : Le Mans, ch.-l. de préfecture; *Mamers*, *Saint-Calais*, et *la Flèche*, ch.-l. de sous-préfectures.

Remarque. — La Sarthe ressortit à l'évêché du Mans, à la Cour impériale d'Angers et à l'Académie de Caen ; il est compris dans la 18e division militaire, dont le siége est à Tours. — Sol généralement médiocre; produits en céréales suffisants ; vins médiocres ; élève de bétail et de volailles ; carrières importantes de marbre, d'ardoises, de grès, etc.; l'industrie fournit des toiles renommées et compte des forges, des tanneries et des papeteries importantes.

Le Mans (34,700 hab.), chef-lieu du département et siège d'un évêché, est une grande et ancienne ville, sur la Sarthe, et près du confluent de l'Huisne ; elle communique avec Paris par une ligne de fer ; elle a des fabriques de toile, des blanchisseries de cire et de toile, et fait un grand commerce de bestiaux, volailles, grains, bougies, etc.

Mamers (5,900 hab.) a des tanneries et des fabriques de toiles. — *La Ferté-Bernard* (2,614 hab.), est le centre d'une grande fabrication de toiles et fait un grand commerce de bœufs gras.

Saint-Calais (3,700 hab.), sur l'Anille; commerce de grains ; fabriques de serges.

La Flèche (7,100 hab.), sur le Loir, est une jolie ville qui possède le *Prytanée*, où sont élevés les fils des officiers sans fortune; c'est surtout à la Flèche que se fait le commerce des poulardes dites du Mans. — *Sablé* (5,086 hab.), sur la Sarthe ; c'est dans cette ville que fut signé le traité qui stipula le mariage de Charles VIII et d'Anne de Bretagne (1491).

MAYENNE.

Ce département tire son nom de la rivière, qui le traverse à peu près par son milieu, du N. au S. : il a 5,170 kil. c. de superficie et une population de 374,000 hab. — On le divise en 3 arrondissements, savoir : Laval, ch.-l. de préfecture; *Mayenne* et *Château-Gontier*, ch.-l. de sous-préfecture.

Remarque. — La Mayenne ressortit à l'évêché de Laval, à la Cour impériale d'Angers et à l'Académie de Rennes, et est comprise dans la 16e division militaire, dont le siége est à Rennes. — Sol généralement peu fertile; le bétail est la principale richesse des habitants, qui nourrissent aussi beaucoup de volailles. Fabrication de toiles, calicots, serges, etc.

Laval (21,000 hab.), chef-lieu du département, siége d'un évêché, est sur le penchant d'un coteau que baigne la Mayenne. Cette ville, qui ne présente que de vieilles maisons et des rues fort étroites et tortueuses, a une importante fabrication de toiles, coutils, siamoises, etc.

Mayenne (10,100 hab.), sur le penchant de deux coteaux qui bordent la Mayenne, est vieille et mal bâtie; fabriques de coutils, toiles, calicots, etc., et foires importantes pour bestiaux, grains et produits de l'industrie locale.

Chateau-Gontier (7,000 hab.), sur la Mayenne, a une église gothique digne d'être citée.

ANJOU.

L'Anjou, qui, avec le Saumurois, formait un gouvernement, dont la capitale était *Angers*, fut d'abord enlevé aux Anglais par Philippe-Auguste (1204); mais, donné comme apanage à des princes français, il ne fit retour à la couronne que sous Louis XI. On en a formé un département, celui de MAINE-ET-LOIRE, ch.-l. *Angers*.

MAINE-ET-LOIRE.

Ce département, qui doit son nom à la Loire et à son principal affluent, compte 7,120 kil. c. de superficie et 524,400 hab. On le divise en 5 arrondissements, savoir : ANGERS, ch.-l. de préfecture; *Baugé*, *Segré*, *Beaupréau* et *Saumur*, ch.-l. de sous-préfectures.

Remarque. — Le Maine-et-Loire ressortit à l'évêché, à la Cour impériale d'Angers et à l'Académie de Rennes; il est compris dans la 15e division militaire, dont le siége est à Nantes. — Agriculture avancée; pâturages excellents; belles races de bétail; exploitation importante de houille et d'ardoises; fabrication de toiles, etc.

ANGERS (50,700 hab.), chef-lieu du département, siége d'un évêché et d'une Cour impériale, est une grande ville située sur la Maine, un peu au-dessous de l'endroit où la Mayenne et la Sarthe se réunissent : elle a une belle cathédrale et quelques monuments dignes d'attention; mais c'est généralement une ville sombre et triste. On y fabrique des draps, des toiles à voiles pour la marine, et l'on y fait un grand commerce de chevaux, bestiaux, fers, ardoises, toiles, bois, charbons, etc

BAUGÉ (3,600 hab.), sur la rive droite du Couesnon, a des fabriques d'huile et fait un grand commerce de bestiaux et de bois.

SEGRÉ (2,600 hab.), sur l'Oudon, n'a point d'industrie particulière.

BEAUPRÉAU (3,800 hab.), sur l'Erve, a des fabriques de toiles, des teintureries, et fait un grand commerce de bestiaux et de grains.— *Cholet* (11,700 h.), sur la rive droite de la Maine, est le centre d'une grande fabrication de mouchoirs, siamoises, calicots, et des toiles dites *cholettes*.

SAUMUR (14,500 hab.), sur la rive gauche de la Loire, a des tanneries et fait un grand commerce de vins des environs, eaux-de-vie et vinaigre. — Cette ville possède l'école de cavalerie pour les sous-officiers.

TOURAINE.

La Touraine, dont la capitale était *Tours*, fut confisquée sur Jean-sans-Terre (1202), puis donnée en apanage à des princes de la famille royale, et ne fit retour définitif à la couronne qu'en 1584 : elle a formé un seul département, celui d'INDRE-ET-LOIRE, ch.-l. *Tours*.

INDRE-ET-LOIRE.

Ce département, qui tire son nom de la Loire et d'un de ses affluents, a 6,113 kilom. c. de superficie et une population de 318,400 hab. — On le divise en 3 arrondissements, savoir : TOURS, ch.-l. de préfecture; *Chinon* et *Loches*, ch.-l. de sous-préfectures.

Remarque. — Le département d'Indre-et-Loire ressortit à l'archevêché de Tours, à la Cour impériale d'Orléans et à l'Académie de Poitiers. Il fait partie de la 18e division militaire, dont le siége est à Tours. — Sol fertile près de la Loire; marécageux et stérile dans certaines parties : céréales généralement insuffisantes; vignobles très-riches; culture maraichère importante. Grande exploitation de salpêtre, etc.

TOURS (38,100 hab.), chef-lieu du département, siége d'un archevêché d'un des 6 grands commandements et de la 18e division militaire, est située sur la rive gauche de la Loire; c'est une très-ancienne et très-jolie ville; sa cathédrale, sous l'invocation de saint Gratien, est un des plus gracieux restes de l'architecture du moyen âge. — *Amboise* (4,400 hab.), sur la Loire. Son château, qui domine le fleuve, rappelle la fameuse conjuration de 1560. — *Château-Renault* (3,500 hab.), sur la Brenne, a les tanneries les plus importantes de France, des fabriques de grosse draperie, etc. — *Mettray* (2,200 hab.), devenue célèbre par sa colonie agricole pénitentiaire.

CHINON (7,000 hab.), sur la rive droite de la Vienne, fut le séjour de Charles VII avant la venue de Jeanne d'Arc; c'est la patrie de Rabelais. — *Bourgueil* (3,400 hab.) fait un grand commerce de vins. — *Langeais* (3,200 hab.), importantes briqueteries.

LOCHES (5,200 hab.), sur l'Indre, a des fabriques de draperie. — *La Haye* (1,500 hab.), a vu naître le célèbre philosophe Descartes (1596).

ORLÉANAIS.

L'Orléanais, dont la capitale était *Orléans*, appartenait presque tout entier à Hugues Capet; il a été souvent donné comme apanage, mais n'est point sorti du domaine réel de la monarchie : il comprenait l'Orléanais prop. dit (Orléans); la Beauce, composée du pays Chartrain, du Dunois (Châteaudun), du Vendomois, du Perche-Gouet (Montmirail), et du Thimerais (Châteauneuf); le Blaisois (Blois); la Sologne (Romorantin); enfin le Gatinais orléanais (Montargis). — On a formé de l'Orléanais trois départements : le LOIR-ET-CHER, ch.-l. *Blois*; le LOIRET, ch.-l. *Orléans*; et l'EURE-ET-LOIR, ch.-l. *Chartres*.

LOIR-ET-CHER.

Ce département tire son nom des deux rivières qui l'arrosent au nord et au sud : sa superficie est de 6,350 kil. c. et sa population de 264,000 hab. — Il comprend 3 arrondissements, savoir : Blois, ch.-l. de préfecture; *Romorantin* et *Vendôme*, ch.-l. de sous-préfectures.

Remarque. — Le département de Loir-et-Cher ressortit à l'évêché de Blois, à la Cour impériale d'Orléans et à l'Académie de Paris; il fait partie de la 18ᵉ division militaire, dont le siége est à Tours. — Généralement fertile au nord de la Loire, ce département présente au sud beaucoup de forêts et de marais. — Les prairies, la vigne, sont l'objet de soins particuliers. — Les moutons et les volailles y abondent.

Blois (17,700 hab.), chef-lieu du département, siége d'un évêché, sur une colline, près de la rive droite de la Loire, est une assez jolie ville dans sa partie basse. Son château, ancienne résidence des Valois, rappelle l'assassinat du duc de Guise (1558). Blois a des fabriques de vinaigre et sert d'entrepôt au commerce des eaux-de-vie, dites d'Orléans.

Romorantin (7,900 hab.), sur la rive gauche de la Sauldre, a des fabriques de draps. C'est dans cette ville que fut rendu l'édit de 1560 contre l'établissement de l'Inquisition.

Vendôme (9,400 hab.), sur le Loir, a une importante fabrique de gants de peau. C'est la patrie de Sarrazin et du maréchal Rochambeau.

LOIRET.

Ce département, qui doit son nom à l'un des affluents de la Loire, compte 6,771 kil. c. de superficie et 345,000 hab. — On le divise en 4 arrondissements, savoir : Orléans, ch.-l. de préfecture; *Pithiviers*, *Gien* et *Montargis*, ch.-l. de sous-préfectures.

Remarque. — Le Loiret ressortit à l'évêché, à la Cour impériale d'Orléans, et à l'Académie de Paris ; il fait partie de la 1ʳᵉ division militaire, dont le siége est à Paris. — Sol fertile au nord, et généralement stérile au sud ; culture de céréales, de la vigne, du safran et du chanvre ; élève de volailles et d'abeilles. Industrie en draps, bonneterie, couvertures de laine, etc.

Orléans (46,900 hab.), chef-lieu du département, siége d'un évêché et d'une Cour impériale, est située sur la rive droite de la Loire : la vieille ville est mal bâtie, mais la nouvelle offre de belles rues et des constructions régulières. Orléans a des fabriques de bonneterie, de couvertures de laine et de coton, de draps; des distilleries, etc. Entrepôt du commerce des vinaigres et des eaux-de-vie de la contrée. Orléans, délivrée des Anglais par Jeanne d'Arc (1429), a élevé une statue à l'héroïne. — *Beaugency* (5,000 hab.), sur la rive droite de la Loire, est l'entrepôt d'un commerce considérable de vins qui portent son nom.

Pithiviers (4,400 hab.), sur une colline qu'arrose le ruisseau de l'Œuf, est connue pour ses pâtés d'alouettes et ses gâteaux aux amandes.

Gien (6,100 hab.), sur la rive droite de la Loire, a une importante fabrique de porcelaine opaque et des foires pour chevaux, bestiaux et volailles. Turenne y battit Condé en 1652.

Montargis (7,500 hab.), sur le canal de Briare, fait quelque commerce en cire, miel et safran.

EURE-ET-LOIR.

'Ce département, qui appartient en partie au bassin de la Manche, prend son nom des deux rivières qui arrosent les portions distinctes de son territoire : il a 5,874 kil. c. de superficie et une population de 291,000 hab. — On le divise en 4 arrondissements, savoir : Chartres, ch.-l. de préfecture ; *Châteaudun, Dreux* et *Nogent-le-Rotrou*, ch.-l. de sous-préfectures.

Remarque. — Le département d'Eure-et-Loir ressortit à l'évêché de Chartres, à la Cour impériale et à l'Académie de Paris : il fait partie de la 1re division militaire, dont le siége est à Paris. — Sol très-fertile, qui fournit des céréales, du foin et des fruits aux départements voisins. Élève de moutons, de chevaux et de volailles. Fabriques de draps communs, filatures de laine et de coton , papeteries, etc.

Chartres (18,900 hab.), chef-lieu du département, siége d'un évêché, est située sur le versant d'une colline, au pied de laquelle coule l'Eure. Sa cathédrale est considérée comme l'un des chefs-d'œuvre de l'architecture du moyen âge : Henri IV y fut sacré en 1594. Chartres est le centre du commerce des grains de la Beauce ; on cite ses pâtés.

Chateaudun (6,500 hab.) est une ancienne et jolie ville, près du Loir : elle est dominée par l'ancien château des comtes de Dunois. Commerce de grains.

Dreux (6,500 hab.), est au pied d'un coteau sur la Blaise ; l'une de ses églises renferme les tombeaux de la famille d'Orléans. Dreux a un marché pour les bestiaux. C'est la patrie de Rotrou.

Nogent-le-Rotrou (6,800 hab.), sur l'Huisne, a des fabriques d'étamines, droguets, serges, etc. C'est la patrie de Remi Belleau, l'un des poëtes de la Pléiade. — *La Loupe* (1,300 hab.), bourg qui a acquis de l'importance depuis la création du chemin de fer : commerce de bestiaux.

BERRI.

Cette province, dont la capitale était *Bourges*, fut achetée par Philippe Ier (1095), puis donnée plus tard comme apanage, elle fit retour définitif à la couronne en 1601, à la mort de la veuve de Henri III. Elle a formé deux départements: l'Indre, ch.-l. *Château roux;* le Cher, ch.-l. *Bourges.*

INDRE.

Ce département doit son nom à la rivière qui le traverse à peu près par son milieu ; il compte 6,795 kil. c. de superficie et une population de 273,400 hab. et forme 4 arrondissements, savoir : CHATEAUROUX, ch.-l. de préfecture ; *le Blanc, Issoudun, et la Châtre*, ch.-l. de sous-préfectures.

Remarque. — Ce département ressortit à l'archevêché et à la Cour impériale de Bourges, et à l'Académie de Poitiers ; il est compris dans la 19e division militaire dont le siége est à Bourges. — Sol fertile, excepté dans la Brenne, contrée marécageuse comprise entre l'Indre et la Creuse, à l'ouest de Châteauroux. Récoltes suffisantes en céréales, surabondance de vins et de moutons, riches mines de fer, carrières de marbre et de pierres lithographiques, filatures de laine, fabriques de bonneteries, parchemineries et papeteries.

CHATEAUROUX (18,200 hab.), chef-lieu du département, sur la rive gauche de l'Indre et sur la ligne de fer de Paris à Limoges, a des fabriques de draps.

LE BLANC (5,700 hab.), sur les deux rives de la Creuse, a des filatures de lin et de chanvre, et fait le commerce de bois et de poissons.

ISSOUDUN (13,500 hab.) est une jolie ville bâtie sur le penchant d'une colline et dans une plaine qu'arrose la Théols ; elle a des fabriques de lainage et des parchemineries ; foires importantes pour grains, vins, laines, etc.

LA CHATRE (5,000 hab.) est une assez jolie ville sur la rive gauche de l'Indre ; elle fait un grand commerce de laine et de châtaignes.

CHER.

Ce département, ainsi nommé de la principale rivière qui l'arrose, a 7,199 kil. c. de superficie et une population de 314,800 hab. — Il forme 3 arrondissements, savoir : BOURGES, ch.-l. de préfecture ; *Sancerre et Saint-Amand*, ch.-l. de sous-préfectures.

Remarque. — Le Cher ressortit à l'archevêché et à la Cour impériale de Bourges, et à l'Académie de Paris ; il fait partie de la 19e division militaire dont le siége est à Bourges. — Sol généralement médiocre, excepté dans le voisinage de la Loire ; grandes forêts, marais, landes et bruyères, au nord et au nord-ouest. Les pâturages nourrissent beaucoup de moutons ; exploitation minière importante, fabriques d'étoffes.

BOURGES (26,500 hab.), chef-lieu du département, siége d'un archevêché, d'une cour impériale et de la 19e division militaire, est une ancienne ville sur l'Auron (affluent du Cher), et jadis fortifiée. On cite sa cathédrale et son hôtel de ville, ancienne maison de Jacques Cœur, argentier de Charles VII. Bourges fait un commerce important de grains, volailles, laines et vins. C'est la patrie de Louis XI, de Jacques Cœur et de Bourdaloue. — *Vierzon-Village*

(4,700 hab.), sur la rive gauche de l'Yèvre, possède des hauts fourneaux, des forges et aciéries pour la marine et les chemins de fer.

Sancerre (3,700 hab.), sur une montagne d'où l'on domine le cours de la Loire, fait quelque commerce en chanvre, grains, noix, laines, etc.

Saint-Amand (8,100 hab.), au confluent de la Marmande et du Cher. Commerce en peaux, châtaignes et bestiaux.

NIVERNAIS.

Cette province, qui posséda des ducs titulaires jusqu'à la Révolution, avait été achetée à la maison de Gonzague par le cardinal Mazarin (1659), qui la transmit à son neveu : elle avait pour capitale *Nevers*. On en a formé un département, celui de la Nièvre, ch.-l. *Nevers*.

NIÈVRE.

Ce département doit son nom à la petite rivière du même nom : il a 6,816 kil. c. de superficie et une population de 326,000 hab. — On le divise en 4 arrondissements, savoir : Nevers, ch.-l. de préfecture ; *Château-Chinon, Clamecy* et *Cosne*, ch. l. de sous-préfectures.

Remarque. — Le Nièvre ressortit à l'évêché de Nevers, à la Cour impériale de Bourges et à l'Académie de Dijon ; elle fait partie de la 19e division militaire dont le siége est à Bourges. — Sol peu fertile, cependant récoltes suffisantes en céréales et surabondantes en vins ; culture en grand du chanvre ; belles forêts dont les produits alimentent le commerce de Paris ; élève de chevaux et de bétail, mines de fer et de houille, fabriques de gros draps, lainages, faïence, tuiles, etc.

Nevers (18,200 hab.), chef-lieu du département et siége d'un évêché, au confluent de la Nièvre avec la Loire, a quelques édifices remarquables ; fait un grand commerce d'aciers, fers, bois de construction, et a des fabriques de faïence et de porcelaine ; fonderie de canons pour la marine. — *Decize* (4,000 hab.), bâtie presqu'entièrement sur une île de la Loire, a une exploitation importante de charbons de terre. — *Fourchambault* (5,400 hab.), célèbre fonderie de fers.

Château-Chinon (2,800 hab.), sur une hauteur. Fabriques de lainage et commerce considérable en bois, bétail, cuir et vins.

Clamecy (5,500 hab.), au confluent du Beuvron et de l'Yonne, est le principal entrepôt des bois à brûler, charbons et bestiaux pour Paris.

Cosne (6,100 hab.), au bord de la Loire, au confluent du Nohain, a des fabriques de coutellerie et de quincaillerie ; entrepôt des départements du Cher, de l'Yonne et de la Nièvre, pour les vins, bois, fers, etc.

BOURBONNAIS.

Cette province, dont la capitale était *Moulins*, fut réunie à la couronne en 1527 par confiscation, sur le connétable de Bourbons; elle a formé un département, celui de l'ALLIER, ch.-l. *Moulins*.

ALLIER.

Ce département tire son nom de l'affluent de la Loire qui le traverse du sud au nord : il a 7,308 kil. c. de superficie et une population de 352,000 hab. — On le divise en 4 arrondissements, savoir ; MOULINS, ch.-l. de préfecture; *Gannat, Lapalisse,* et *Montluçon,* ch.-l. de sous-préfectures.

Remarque. — Le département de l'Allier ressortit à l'évêché de Moulins, à la Cour impériale de Riom et à l'Académie de Clermont; il fait partie de la 19ᵉ division militaire dont le siége est à Bourges. — Agriculture et industrie minière développées; commerce d'exportation de céréales, huile de noix, bois, lin et chanvre, bestiaux, laines, cuirs, etc.

MOULINS (18,000 hab.), chef-lieu du département, siége d'un évêché, sur la rive droite de l'Allier, est une ville assez gaie. L'église du lycée renferme le mausolée élevé au dernier des Montmorency. Bonneterie, tissus de soie, coton et laine, coutellerie renommée. Patrie de Villars et de Berwick.

GANNAT (5,800 hab.), dans la jolie vallée de l'Andelot, fait un grand commerce de grains et de vins.

LAPALISSE (2,700 hab.), sur la Bèbre. Commerce de blé, chanvre, bestiaux. — *Vichy* (2,910 hab.), sur la rive droite de l'Allier, a un établissement thermal appartenant à l'État.

MONTLUÇON (15,300 hab.), sur la rive droite du Cher, au commencement du canal du Berry, a des forges et des verreries. — *Commentry* (8,400 hab.) est le centre d'une grande exploitation houillère qui alimente les forges et les fonderies de Fourchambault, Montluçon, etc.

MARCHE.

Cette province, dont la capitale était *Guéret*, confisquée sur le connétable de Bourbon par François Iᵉʳ (1527), a formé le département de la CREUSE, ch.-l. *Guéret*.

CREUSE.

Ce département tire son nom de son principal cours d'eau : sa superficie est de 5,568 kil. c. et sa population de 279,000 hab. On le divise en 4 arrondissements, savoir : GUÉRET, ch.-l. de préfecture; *Aubusson, Bourganeuf* et *Boussac,* ch.-l. de sous-préfectures.

Remarque. — La Creuse ressortit à l'évêché et à la Cour impériale de Limoges, et à l'Académie de Clermont ; elle fait partie de la 21e division militaire dont le siége est à Limoges. — Agriculture arriérée, produits en céréales insuffisants ; éducation des abeilles très-répandue, engrais de bestiaux et de porcs ; industrie peu développée.

GUÉRET (5,100 hab.), chef-lieu du département, sur un petit affluent de la Creuse, n'offre rien de remarquable. Foires assez importantes pour bestiaux gras. Patrie de l'historien Varillas.

AUBUSSON (6,100 hab.), sur la Creuse, dans une gorge formée de rochers, est le centre d'une fabrication importante de tapis. — *Felletin* (3,500 hab.), à 8 kilom. d'Aubusson, rivalise avec elle pour la fabrication des tapis.

BOURGANEUF (3,200 hab.) a des manufactures de porcelaine. — *Bénévent* (1,521 hab.) a des quincailleries et des tanneries.

BOUSSAC (976 hab.), sur un rocher presque inaccessible aux voitures et près du confluent du Véron et de la Petite-Creuse, fait quelque commerce de chevaux, bestiaux, cuirs et laine. — *Chambon* (2,273 hab.) a le tribunal de 1re instance de l'arrondissement de Boussac.

LIMOUSIN.

Cette province, dont la capitale était *Limoges*, fut confisquée par Philippe-Auguste sur Jean-sans-Terre, puis rendue à Henri III par Saint-Louis, et réunie définitivement à la couronne en 1369 par Charles V. — Elle forme aujourd'hui 2 départements, la CORRÈZE, ch.-l. *Tulle*, et la HAUTE-VIENNE, ch.-l. *Limoges*.

CORRÈZE.

Ce département tire son nom d'une rivière qui y a son cours tout entier : sa superficie est de 5,866 kil. c. et sa population de 315,000 hab. — On le divise en 3 arrondissements, savoir : TULLE, ch.-l. de préfecture ; *Brive* et *Ussel*, ch.-l. de sous-préfectures.

Remarque. — La Corrèze ressortit à l'évêché de Tulle, à la Cour impériale de Limoges et à l'Académie de Clermont ; elle fait partie de la 21e division militaire dont le siége est à Limoges. — Stérile et couvert de bruyères au nord-est, ce département est assez fertile au sud-ouest, sans cependant fournir assez de céréales à ses habitants. On y engraisse beaucoup de bœufs, et l'on y élève des porcs et des mulets. L'exploitation des mines et l'industrie sont peu développées.

TULLE (11,600 hab.), chef-lieu du département et siége d'un évêché, est au confluent de la Corrèze et de la Solane. On y fabrique des cartes à jouer, de la clouterie, des draps communs et des armes. C'est la patrie de l'historien Étienne Baluze.

Brive (9,500 hab.), sur la rive gauche de la Corrèze, a une église curieuse. Grand commerce de truffes, marrons, châtaignes.

Ussel (4,000 hab.), chef-lieu d'arrondissement, dans la partie la plus pauvre du département, a quelques fabriques de draps communs.

HAUTE-VIENNE.

Ce département doit son nom à sa position dans la partie supérieure d'un des cours d'eau qui l'arrosent; sa superficie est de 5,516 kil. c. et sa population de 319,000 hab. — On le divise en 4 arrondissements, savoir : Limoges, ch.-l. de préfecture; *Saint-Yrieix, Bellac* et *Rochechouart*, ch.-l. de sous-préfectures.

Remarque. — La Haute-Vienne ressortit à l'évêché et à la Cour impériale de Limoges et à l'Académie de Poitiers, et fait partie de la 21e division militaire dont le siége est à Limoges. — Sol peu fertile, céréales insuffisantes, vins médiocres, bois de châtaigniers nombreux, prairies artificielles très-prospères, où l'on élève des chevaux et du gros bétail pour Paris; mines d'étain, cuivre, plomb, antimoine, houille, etc., dépôts de kaolin, qui alimentent en partie les manufactures de Sèvres (Seine) et de Limoges; fabrication de porcelaine, gros draps, papiers; blanchisseries de cire et distilleries.

Limoges (46,500 hab.), chef-lieu du département, siége d'un évêché et de la 21e division militaire, est bâtie sur la pente d'une colline qu'arrose la Vienne. Elle a d'importantes fabriques de cotonnades, draperies, flanelles, porcelaines, quincaillerie, papier, et des manufactures de porcelaine qui rivalisent avec celle de Sèvres. C'est la patrie du chancelier d'Aguesseau, du maréchal Jourdan, de Vergniaud, le célèbre girondin, et de Dupuytren. — *Saint-Léonard* (6,200 hab.), sur la Vienne, a d'importantes fabriques de chandelles, de chapellerie, de cuirs et basanes, et de porcelaine.

Saint-Yrieix (7,700 hab.), sur la Loue, n'a d'importance que par les dépôts de terre à porcelaine de son territoire.

Bellac (3,600 hab.), sur un coteau que baigne le Vincou.

Rochechouart (4,200 hab.), doit son nom à un rocher qui la domine. — *Saint-Junien* (6,000 hab.), bâtie au confluent de la Vienne et de la Glane, a une belle église, d'importantes fabriques de gants et mégisseries.

POITOU.

Cette province, dont la capitale était *Poitiers*, fut confisquée sur Jean-sans-Terre par Philippe-Auguste, donnée par saint Louis à son frère Alphonse, et réunie à la couronne après la mort de ce prince (1271). Mais les Anglais ne tardèrent pas à la reconquérir (1356) et ce ne fut que sous Charles V (1373) qu'elle nous fit retour; donnée alors en apanage, elle fut enfin définitivement annexée sous Charles VI (1416), après la mort de son fils Jean, qui en avait la jouissance. On en a formé trois départements : la VIENNE, ch.-l. *Poitiers ;* les DEUX-SÈVRES, ch.-l. *Niort ;* la VENDÉE, ch.-l. *Napoléon-Vendée.*

VIENNE.

Ce département, qui tire son nom de sa principale rivière, a 6,970 kil. c. de superficie et une population de 322,600 hab. On l'a partagé en 5 arrondissements, savoir : POITIERS, ch.-l. de préfecture; *Chatellerault, Civray, Loudun* et *Montmorillon,* ch.-l. de sous-préfectures.

Remarque. — Le département de la Vienne ressortit à l'évêché, à la Cour impériale et à l'Académie de Poitiers, et est compris dans la 18e division militaire dont le siége est à Tours. — Sol peu fertile et généralement mal cultivé; éducation importante d'abeilles, élève de porcs, fabrication d'huile de noyer et de hêtre, exploitation de pierre meulière, pierre de taille, pierre à aiguiser et pierre lithographique; coutellerie renommée.

POITIERS (30,900 hab.), chef-lieu du département et siége d'un évêché, d'une cour impériale et d'une académie, est bâtie au confluent de la Boivre et du Clain. C'est une ville assez laide, qui n'a aucun monument remarquable et peu de commerce. C'est la patrie de saint Hilaire, du cardinal la Balue et du célèbre agronome la Quintinie. — *Vouillé* (1,660 hab.) est un bourg rendu célèbre par la victoire de Clovis sur les Visigoths (507).

CHATELLERAULT (14,000 hab.), sur la rive droite de la Vienne, possède une manufacture impériale d'armes et des fabriques de coutellerie.

CIVRAY (2,200 hab.), sur la Charente, a une église fort ancienne.

LOUDUN (4,800 hab.). — *Montcontour* (750 hab.) rappelle la défaite des protestants par le duc d'Anjou (1569).

MONTMORILLON (5,000 hab.), sur la Gartempe, n'a rien de remarquable.

DEUX-SÈVRES.

Ce département doit son nom à deux rivières qui, au nord et au sud, naissent sur son territoire : il a 5,999 kil. c. de superficie et une population de 327,800 hab. — On le divise en 4 arrondissements, savoir : NIORT, ch.-l. de préfecture ; *Bressuire, Melle* et *Parthenay,* ch.-l. de sous-préfectures.

Remarque. — Les Deux-Sèvres ressortissent à l'évêché, à la Cour impériale et à l'Académie de Poitiers, et font partie de la 15e division militaire dont le siége est à Nantes. — Sol généralement fertile et bien cultivé; prairies nombreuses qui favorisent l'élève du gros bétail, des chevaux et des mulets; fabriques de grosses étoffes de laine, et de toiles, distilleries d'eaux-de-vie

Niort (20,000 hab.), chef-lieu du département, sur la Sèvre niortaise et la ligne de fer de Paris à la Rochelle, a d'importantes chamoiseries et ganteries, des tanneries, filatures de crins, etc.; il s'y tient des foires pour le bétail, les chevaux et les mulets. C'est la patrie de madame de Maintenon. — *Saint-Maixent* (4,100 hab.), sur la Sèvre niortaise, a un dépôt de remonte.

Bressuire (2,600 hab.), sur une colline que baigne l'Argenton, est l'entrepôt des produits agricoles et industriels de la contrée.

Melle (2,700 hab.), sur une colline au pied de laquelle coule la Béronne, fait un grand commerce de bestiaux, mulets, cire jaune et laine du pays.

Parthenay (4,685 hab.), ancienne capitale du petit pays appelé la *Gatine*, est bâtie sur le Thouet. Elle a des fabriques de gros drap.

VENDÉE.

Ce département tire son nom d'une rivière qui arrose sa partie méridionale : il a 6,703 kil. c. de superficie et une population de 389,600 hab. On le divise en 3 arrondissements, savoir : arr. de Napoléon-Vendée, ch.-l. de préfecture; *Fontenay-le-Comte* et *les Sables-d'Olonne*, ch.-l. de sous-préfectures.

Remarque. — La Vendée ressortit à l'évêché de Luçon, à la Cour impériale et à l'Académie de Poitiers; il fait partie de la 15e division militaire dont le siége est à Nantes, et de la 4e préfecture maritime (Rochefort). — Ce département offre trois parties caractérisées par leurs noms : le *Marais*, le *Bocage* et la *Plaine*. Le Marais, qui comprend le littoral, rendu fertile par des canaux et des digues, produit des céréales, du chanvre, et offre de bons pâturages; le Bocage, véritable dos de pays très-boisé, donne d'assez bon vin; enfin la Plaine abonde en grains Exploitation de marais salants, fabrication de toile, d'étoffes de laine, pêche de la sardine.

Napoléon-Vendée (8,100 hab.), chef-lieu du département, est bâtie sur les bords de l'Yon et sur l'emplacement d'un bourg (Roche-sur-Yon) détruit pendant la Révolution. — *Mortagne* (2,200 hab.) a des filatures de lin et d'étoupes.

Fontenay-le-Comte (7,700 hab.), sur la Vendée, qui commence à y être navigable, a des fabriques de draps communs. — *Luçon* (5,134 hab.), siége d'un évêché, fait un grand commerce de grains, bois et vins; elle a eu Richelieu pour évêque.

Les Sables-d'Olonne (6,400 hab.), sur l'Océan et dans une petite presqu'île, n'a point d'industrie particulière, mais fait un certain commerce d'exportation de grains et de sel, et d'importation de vins de Bordeaux. — A l'arrondissement des Sables-d'Olonne se rattachent les îles *Dieu* (2,600 hab.) et *Noirmoutier* (8,200 hab.) : cette dernière exporte beaucoup de sel, de soude, de varech et d'huîtres.

ANGOUMOIS.

Cette petite province, dont la capitale était *Angoulême*, fut confisquée par Philippe le Bel (1508) sur la famille de Lusignan, puis donnée en apanage à des princes de la maison royale, et ne fit retour à la couronne qu'en 1532 après la mort de Louise de Savoie, mère de François Ier. — Elle forme un département, celui de la CHARENTE, ch.-l. *Angoulême*.

CHARENTE.

Ce département tire son nom du fleuve qui l'arrose. Sa superficie est de 5,942 kil. c. et sa population de 378,700 hab. — On le divise en 5 arrondissements, savoir : ANGOULÊME, ch.-l. de préfecture; *Cognac*, *Ruffec*, *Barbezieux*, et *Confolens*, ch.-l. de sous-préfectures.

Remarque. — La Charente ressortit à l'évêché d'Angoulême, à la Cour impériale de Bordeaux et à l'Académie de Poitiers; elle fait partie de la 14e division militaire dont le siége est à Bordeaux. — Pays de petite culture, la vigne est sa principale richesse; élève d'ânes et de mulets, et surtout de porcs et de volailles. Distilleries, papeteries, fabriques de draps communs, etc.

ANGOULÊME (22,800 hab.), chef-lieu du département, évêché, est bâtie sur une hauteur que baigne la Charente. Elle a des fabriques de papier, de vinaigres, de toiles métalliques et des distilleries d'eaux-de-vie; foires importantes pour cuirs, toiles, grains, quincaillerie, etc. C'est la patrie de Balzac et de l'ingénieur Montalembert.

COGNAC (7,100 hab.), sur la rive droite de la Charente, est l'entrepôt des eaux-de-vie célèbres qui portent son nom. C'est la patrie de François Ier. — *Jarnac* (3,400 hab.) rappelle la défaite et la mort du prince de Condé (1569).

RUFFEC 3,100 hab.), sur le Lien, est une assez jolie ville.

BARBEZIEUX (3,700 hab.), sur une colline, fait un grand commerce d'eaux-de-vie, bestiaux, volailles et truffes de la contrée qu'elle domine.

CONFOLENS (5,000 hab.), sur la rive droite de la Vienne, est généralement mal bâtie. Commerce de bois et de bestiaux.

AUNIS ET SAINTONGE.

L'Aunis et la Saintonge (cap. *la Rochelle* et *Saintes*), qui étaient passées aux mains des Anglais par suite du mariage d'Éléonore de Guyenne avec Henri II, furent conquises par Charles V en 1372 : elles forment aujourd'hui un département, celui de la CHARENTE-INFÉRIEURE, ch.-l. *la Rochelle*.

CHARENTE-INFÉRIEURE.

Ce département prend son nom de sa position dans la partie inférieure du bassin de la Charente : sa superficie est de 6,825 kil. c. et sa population de 474,800 hab. On le divise en 6 arrondissements, savoir : la ROCHELLE, ch.-l. de préfecture; *Rochefort, Marennes, Saintes, Jonzac* et *Saint-Jean-d'Angely*, ch.-l. de sous-préfectures.

Remarque. — La Charente-Inférieure ressortit à l'évêché de la Rochelle, à la Cour impériale et à l'Académie de Poitiers; elle fait partie de la 14e division militaire dont le siége est à Bordeaux, et de la 4e préfecture maritime (Rochefort). — Sol fertile en céréales, chanvre, lin, safran; les vignes couvrent un cinquième du territoire et fournissent beaucoup de vins blancs que l'on convertit en eau-de-vie excellente; bons pâturages, bestiaux, marais salants très-productifs, pêche importante.

LA ROCHELLE (16,100 hab.), chef-lieu du département et siége d'un évêché, est un de nos ports fortifiés, mais qui a bien déchu de son ancienne importance. Armement pour la grande pêche, commerce actif en grains, farines, vins et eaux-de-vie. C'est la patrie du physicien Réaumur, du conventionnel Billaud-Varennes, de l'amiral Duperré, etc.

ROCHEFORT (29,000 hab.), chef-lieu de la 4e préfecture maritime, sur la Charente, à 8 kilom. de son embouchure, est l'un des cinq grands ports militaires de la France. Elle a un port marchand dans lequel peuvent entrer des bâtiments d'un fort tonnage; foires importantes pour chevaux, bétail, draps, etc.

MARENNES (4,500 hab.), sur la Seudre, à 2 kilom. de la mer, souffre de l'exhalaison des marais salants qui l'avoisinent. Huîtres vertes renommées; commerce de vins blancs, eau-de-vie et grains.

SAINTES (11,900 hab.), sur la rive gauche de la Charente, au milieu d'une contrée connue pour l'excellence de ses eaux-de-vie, dites de Cognac. Commerce de vins, eaux-de-vie et grains.

JONZAC (2,800 hab.), sur la Seugne, fait un commerce assez important des productions de la contrée.

SAINT-JEAN-D'ANGELY (6,200 hab.), sur la Boutonne, fait un important commerce d'eaux-de-vie. — *Taillebourg*, à 16 kilom. de Saint-Jean-d'Angely, rappelle la victoire de saint Louis sur les Anglais (1242). — Au département de la Charente-Inférieure appartiennent les îles de Ré, d'Oléron, d'Aix et Madame, situées sur ses côtes.

GUYENNE ET GASCOGNE.

Ces deux provinces ne formaient, avant 1789, qu'un seul gouvernement, dont la capitale était *Bordeaux*. — Sous le nom de Guyenne, on comprenait le Bordelais, le Bazadois (la Réole et Bazas), le Périgord (Périgueux et Sarlat), le Quercy (Cahors et Montauban), le Rouergue (Rodez, Milhau et Villefranche) et l'Agenais. — Sous le nom de Gascogne, figuraient les Landes (vicomtés de Dax et d'Orthe, duché d'Albret), la Chalosse (Saint-Sever), le Condomois, l'Armagnac (Auch), le Bigorre (Tarbes), le Comminge (Saint-Bertrand et

Saint-Gaudens), le Conserans (Saint-Lizier), le Labour (Bayonne)
et le vicomté de Soule (Mauléon). — Ces deux provinces ont formé
9 départements, savoir : la GIRONDE, ch.-l. *Bordeaux*; la DORDO-
GNE, ch.-l. *Périgueux*; le LOT, ch.-l. *Cahors*; l'AVEYRON, ch.-l.
Rodez; le TARN-ET-GARONNE, ch.-l. *Montauban*; le LOT-ET-GA-
RONNE, ch.-l. *Agen*; les LANDES, ch.-l. *Mont-de-Marsan*; le GERS,
ch.-l. *Auch*; les HAUTES-PYRÉNÉES, ch.-l. *Tarbes*.

GIRONDE.

Ce département tire son nom du fleuve formé par la réunion
de la Garonne et de la Dordogne : sa superficie est de 9,740 kil. c.
et sa population de 640,700 hab. — On le divise en 6 arrondissements, savoir : BORDEAUX, ch.-l. de préfecture; *Blaye, Lesparre,
Libourne, Bazas,* et *la Réole*, ch.-l. de sous-préfectures.

Remarque. — La Gironde ressortit à l'archevêché, à la Cour impériale et
à l'Académie de Bordeaux; elle est comprise dans la 14ᵉ division militaire
dont le siége est à Bordeaux, et dans la 4ᵉ préfecture maritime (Rochefort).
— Sol sablonneux, à peine couvert de quelques forêts de pins et de brous-
sailles, au sud-ouest; très-fertile et couvert de prairies, de céréales et de
vignes dans tout le reste. Commerce très-actif d'exportation de vins et d'importation de denrées coloniales.

Bordeaux (150,000 hab.), chef-lieu du département, siége d'un archevêché,
d'une cour impériale, d'une académie et de la 14ᵉ division militaire, est située
sur la rive gauche de la Garonne, qui y forme un port capable de contenir
1,000 à 1,200 navires. C'est une ville très-belle dans ses parties neuves; son
grand théâtre est un des plus beaux de l'Europe. Des lignes de fer unissent
Bordeaux à Paris, à Cette et à Bayonne, et contribuent à faire de cette ville
un de nos plus grands entrepôts de commerce. Armements pour toutes les
parties du monde, fabriques de liqueurs. Bordeaux est la patrie du poëte
Ausone, du pape Clément V, des conventionnels Gensonné, Fonfrède et Ducos,
du ministre Martignac, du médecin Magendie, etc. — *La Teste* (5,900 hab.),
sur le bassin d'Arcachon, et reliée à Bordeaux par une ligne de fer, a des
fabriques de résine et d'essence de térébenthine, pêche importante.

Blaye (4,500 hab.), place forte, sur la rive droite de la Gironde, sert de
port aux bâtiments qui ne peuvent remonter jusqu'à Bordeaux. Commerce
de vins, eaux-de-vie, bois de construction, etc.

Lesparre (3,500 hab.) est située dans le *Médoc*, contrée renommée par
ses vins; foires pour les denrées du pays.

Libourne (13,500 hab.), au confluent de la Dordogne et de l'Isle et sur le
chemin de fer de Paris à Bordeaux, est l'entrepôt des produits des département voisins; elle fait un grand commerce de vins et eaux-de-vie. — *Coutras*
(3,500 hab.), au confluent de la Dronne et de l'Isle, rappelle la défaite de
l'armée royale par le roi de Navarre, plus tard Henri IV (1587).

Bazas (4,600 hab.), sur un rocher que baigne le Beuve, a des foires pour le gros bétail, les grains, le bois, la résine, etc.

La Réole (4,200 hab.), sur le flanc d'une colline que baigne la Garonne, a des foires pour grains et bestiaux.

DORDOGNE.

Ce département, ainsi nommé de la rivière qui le traverse de l'est à l'ouest, a 9,182 kil. c. de superficie et une population de 504,600 hab. — On le divise en 5 arrondissements, savoir : Périgueux, ch.-l. de préfecture; *Bergerac, Nontron, Ribérac et Sarlat*, ch.-l. de sous-préfectures.

Remarque. — La Dordogne ressortit à l'évêché de Périgueux, à la Cour impériale et à l'Académie de Bordeaux, et fait partie de la 14e division militaire dont le siége est à Bordeaux. — Agriculture peu avancée; grande production de châtaignes, de pommes de terre, noix et vins ; élève et commerce de porcs et de bestiaux ; forges importantes, papeteries renommées.

Périgueux (14,700 hab.), chef-lieu du département et siége d'un évêché, est bâtie sur une colline baignée par l'Isle. Elle a des forges, des fabriques d'instruments aratoires; fait un grand commerce de liqueurs, épicerie, fers et pâtés de truffes, et tient le marché le plus considérable de la France pour les porcs. C'est la patrie du brave Daumesnil, défenseur de Vincennes. — *Bourdeilles* (1,500 hab.), patrie de Pierre de Bourdeilles, sire de Brantôme, et de Claude de Bourdeilles, comte de Montrésor. — *Excideuil* (2,113 hab.), patrie du maréchal Bugeaud.

Bergerac (11,300 hab.), sur les bords de la Dordogne, n'a rien de remarquable. Commerce de vins, eaux-de-vie et truffes. Bergerac est la patrie du maréchal de Biron.

Nontron (3,600 hab.), sur les bords du Bandiat, affluent de Charente, a une église assez remarquable.

Ribérac (5,200 hab.), sur la Dronne. Commerce de porcs, grains et toiles.

Sarlat (6,400 hab.), est une ville assez mal bâtie et qui n'a aucun monument digne d'être cité. Commerce important d'huile de noix, de truffes et de bestiaux. Patrie d'Étienne de la Boëtie, le moraliste, de la Calprenède, de Fénelon et de Sircy, le jurisconsulte.

LOT.

Ce département tire son nom d'un affluent de la Garonne qui le traverse à peu près par son milieu. Sa superficie est de 5,211 kil. c. et sa population de 293,700 hab. On le divise en 3 arrondissements, savoir : Cahors, ch.-l. de préfecture ; *Figeac et Gourdon*, ch.-l. de sous-préfectures.

Remarque. — Le Lot ressortit à l'évêché de Cahors, à la Cour impériale d'Agen et à l'Académie de Toulouse; il est compris dans la 12ᵉ division militaire dont le siége est à Toulouse. — Sol généralement fertile; production surabondante en céréales, chanvre et vins; élève de moutons, porcs, volailles vers à soie; industrie peu avancée.

Cahors (13,600 hab.), chef-lieu du département et siége d'un évêché, est située dans une presqu'île, sur le Lot. Commerce de vins, eaux-de-vie, huile de noix, etc. Cahors a possédé une université où Cujas a professé, et où le pape Jean XII et Fénelon ont étudié. C'est la patrie du poëte Clément Marot.

Figeac (6,800 hab.), sur les bords du Sellé, a quelques monuments remarquables et des foires assez importantes pour les vins et les bestiaux. Patrie de Champollion le jeune.

Gourdon (5,100), sur la Bleue, affluent de la Dordogne, fait le commerce de draps, vins, huile, et possède quelques fabriques d'huile.

AVEYRON.

Ce département tire son nom d'une rivière qui y naît et le traverse de l'est à l'ouest : sa superficie est de 8,743 kil. c. et sa population de 393,900 hab. — On le divise en 5 arrondissements, savoir : Rodez, ch.-l. de préfecture; *Espalion, Millau, Sainte-Affrique* et *Villefranche*, ch.-l. de sous-préfectures.

Remarque. — L'Aveyron ressortit à l'évêché de Rodez, à la Cour impériale de Montpellier et à l'Académie de Toulouse; il fait partie de la 10ᵉ division militaire dont le siége est à Montpellier. — Récoltes à peine suffisantes en céréales, mais pâturages excellents nourrissant beaucoup de mulets, chevaux, gros bétail, chèvres, porcs et surtout de moutons; confection de fromages de Roquefort; forges de cuivre, fonderie de fer, exploitation houillère, etc.

Rodez (10,800 hab.), siége d'un évêché, est bâtie sur le penchant d'une colline, aux bords de l'Aveyron. Fabriques de draps et serges, filatures de laine, commerce de fromages et grosse quincaillerie. Rodez est la patrie de l'érudit Monteil.

Espalion (4,300 hab.), sur le Lot, a des tanneries, et sert d'entrepôt au bois pour le Languedoc.

Millau (10,100 hab.), sur le Tarn, a d'importantes fabriques de gants, des tanneries et des mégisseries.

Sainte-Affrique (6,700 hab.), sur la Sorgue, a des fabriques de draps, molletons, tricots, et des tanneries. — *Roquefort* (1,600 hab.), à 11 kilom de Sainte-Affrique, est le centre de l'importante fabrication des fromages qui portent son nom.

Villefranche (10,800 hab.), sur la rive droite de l'Aveyron et au confluent de l'Alzon, a de nombreuses forges de cuivre rouge, des fonderies, des tanneries et des manufactures de toiles d'emballage. Patrie du maréchal de Belle-Isle. — *Decazeville* (8,800 hab.) est le centre d'une grande exploitation houillère; fonderies de fer.

TARN-ET-GARONNE.

Ce département, qui ne date que de 1808, doit son nom aux deux principales rivières qui l'arrosent. Sa superficie est de 3,720 kil. c. et sa population de 234,800 hab. On le divise en 3 arrondissements, savoir : MONTAUBAN, ch.-l. de préfecture; *Moissac* et *Castel-Sarazin*, ch.-l. de sous-préfectures.

Remarque. — Le Tarn-et-Garonne ressortit à l'évêché de Montauban, à la Cour impériale et à l'Académie de Toulouse; il fait partie de la 12e division militaire dont le siége est à Toulouse. — Sol généralement fertile, récolte suffisante en céréales, supérieure en vins aux besoins de la population; élève importante de mulets, volailles, abeilles et vers à soie; fabriques de gros draps, toiles, etc.

MONTAUBAN (25,100 hab.), siége d'un évêché, est une ancienne ville bâtie sur une hauteur et sur la rive droite du Tarn; deux faubourgs s'étendent sur la rive gauche, et constituent une ville moderne qui doit tout à l'industrie. Importantes filatures de coton, de laine et de soie grége; fabriques de draps et toiles à tamis; commerce de draps, eaux-de-vie et grains. Montauban est la patrie de M. Ingres, l'un de nos plus grands peintres.

MOISSAC (10,300 hab.), sur la rive droite du Tarn, conserve un admirable cloître et un beau portail qui remontent à 1100. Elle fait un commerce considérable de farine.

CASTEL-SARRAZIN (6,900 hab.), sur un petit ruisseau, au milieu d'une plaine fertile, n'offre rien de remarquable.

LOT-ET-GARONNE.

Ce département doit son nom aux deux rivières principales qui l'arrosent et confondent leurs eaux a peu près vers son milieu. Il a 5,353 kil. c. de superficie et une population de 340,000 hab. — On le divise en 4 arrondissements, savoir : AGEN, ch.-l. de préfecture; *Marmande, Villeneuve-d'Agen* et *Nérac*, ch.-l. de sous-préfectures.

Remarque. — Le Lot-et-Garonne ressortit à l'évêché et à la Cour impériale d'Agen, et à l'Académie de Bordeaux; il fait partie de la 14e division militaire dont le siége est à Bordeaux. — Sol fertile dans les cinq huitièmes du territoire, mais stérile et couvert de landes dans le reste. Culture en grand du prunier, du tabac et du chanvre; exploitation de liége, manufactures de toiles; tanneries, corderies, etc.

AGEN (17,700 hab.), chef-lieu du département, siége d'un évêché et d'une cour impériale, est bâtie sur la rive droite de la Garonne. On cite l'église de Saint-Caprais. monument du treizième siècle, et la belle promenade du Gravier.

Agen fait un grand commerce de cotonnades, cotons filés, draperie, prunes d'Ente et prunes communes, quincaillerie et rouennerie. C'est la patrie de Lacépède.

Marmande (8,400 hab.), sur les bords de la Garonne, a des foires pour chevaux, grains, pruneaux, vins, eaux-de-vie, etc. — *Tonneins* (7,900 hab.), petite ville, sur la rive droite de la Garonne, a une manufacture impériale des tabacs, des fabriques de cordages, et fait un grand commerce de prunes, céréales, vins et eaux-de-vie.

Villeneuve-d'Agen (13,800 hab.), sur le Lot, qui la partage en deux, fait un grand commerce de prunes.

Nérac (7,200 hab.), sur les deux rives de la Baïse, a des fabriques de liqueurs et de droguet de laine. Grand commerce de liége et d'eaux-de-vie.

LANDES.

Ce département, qui doit son nom au caractère général de son territoire, a 9,321 kil. c. de superficie et une population de 309,800 hab. On le divise en 3 arrondissements, savoir : Mont-de-Marsan, ch.-l. de préfecture; *Saint-Sever* et *Dax*, ch.-l. de sous-préfectures.

Remarque. — Ce département ressortit à l'évêché d'Aire, à la Cour impériale de Pau et à l'Académie de Bordeaux; il fait partie de la 13e division militaire dont le siége est à Bayonne, et de la 4e préfecture maritime (Rochefort). — Agriculture très-arriérée; récolte de résines, éducation des abeilles, sources minérales nombreuses.

Mont-de-Marsan (5,200 hab.), chef-lieu du département, au confluent du Midou et de la Douze, est sur la limite des Landes. Commerce de graines oléagineuses, vins, eaux-de-vie, matières résineuses et légumes secs.

Saint-Sever (4,800 hab.), près de la rive gauche de l'Adour, n'a rien de digne d'être cité. — *Aire* (4,900 hab.), siége d'un évêché, est bâtie sur l'Adour

Dax (6,100 hab.), sur la rive gauche de l'Adour, a des fabriques de bouchons, et fait un commerce assez important de vins, eaux-de-vie, matières résineuses.

GERS.

Ce département, qui doit son nom à l'un de ses principaux cours d'eau, a 6,280 kil. c. de superficie et une population de 304,500 hab. On le divise en 5 arrondissements, savoir : Auch, ch.-l. de préfecture; *Lectoure, Mirande, Condom* et *Lombez*, ch.-l. de sous-préfectures.

Remarque. — Le Gers ressortit à l'archevêché d'Auch, à la Cour impériale d'Agen et à l'Académie de Toulouse; il fait partie de la 13e division militaire dont le siége est à Bayonne. — Sol peu fertile; produits en vins que l'on convertit en eaux-de-vie dites d'Armagnac; élève de porcs, mulets, volailles et abeilles.

Auch (12,000 hab.), chef-lieu du département et siége d'un archevêché. sur une colline que baigne le Gers, a une belle cathédrale. Commerce assez actif de vins et eaux-de-vie. Patrie du poëte du Bartas, de l'amiral Villaret-Joyeuse, etc.

Lectoure (6,100 hab.), sur une hauteur que baigne le Gers, a des antiquités romaines. Patrie du maréchal Lannes.

Mirande (3,500 hab.), bâtie au treizième siècle sur la rive gauche de la Baïse, est la patrie de la Hire et de Xaintrailles.

Condom (7,500 hab.), sur la Baïse. Commerce d'eau-de-vie et quincaillerie, a une manufacture de vitraux anciens et modernes. Elle fut jadis le siége d'un évêché qui compta Bossuet parmi ses titulaires.

Lombez (1,700 hab.), sur la rive gauche de la Save, dans une plaine très-fertile, fut jadis le siége d'un évêché.

HAUTES-PYRÉNÉES.

Ce département tire son nom des montagnes célèbres qui dominent son territoire : il a une superficie de 4,529 kil. c. et une population de 245,800 hab. — On le divise en 3 arrondissements, savoir : Tarbes, ch.-l. préfecture; *Argelès* et *Bagnères*, ch.-l. de sous-préfectures.

Remarque. — Ce département ressortit à l'évêché de Tarbes, à la Cour impériale de Pau et à l'Académie de Toulouse; il fait partie de la 13e division militaire dont le siége est à Bayonne. — Sol peu fertile; beaux pâturages et forêts, production de vin surabondante; élève de chevaux, mulets, porcs, volailles et abeilles; fabrication d'étoffes de laine, de toiles, de crêpes, de papiers; sources d'eaux minérales nombreuses.

Tarbes (14,700 hab.), chef-lieu du département et siége d'un évêché, est située sur la rive gauche de l'Adour. Fabriques de chocolat et de draps, commerce de grains, bestiaux, etc.

Argelès (1,700 hab.), sur la rive gauche du gave d'Azun, est une jolie petite ville moderne. — *Baréges, Cauterets*, ont des eaux minérales célèbres.

Bagnères (8,900 hab.), sur la rive gauche de l'Adour, n'a d'importance que par son grand établissement thermal qui double sa population pendant la saison des bains.

BÉARN.

Cette province, dont la capitale était *Pau*, fut réunie de fait à la France par l'avénement de la maison de Bourbon; elle le fut de droit par un édit de Louis XIII (1630): elle comprenait le Béarn proprement dit et la Basse-Navarre. On en a formé un département, celui des Basses-Pyrénées, ch.-l. *Pau*.

BASSES-PYRÉNÉES.

Ce département doit son nom à sa position au pied d'une portion de la chaîne des Pyrénées moins élevée que dans le département voisin : il a une superficie de 7,622 kil. c. et une population de 436,400 hab. On en a formé 5 arrondissements, savoir : Pau, ch.-l. de préfecture ; *Oloron, Orthez, Bayonne* et *Mauléon*, ch.-l. de sous-préfectures.

Remarque. — Le département des Basses-Pyrénées ressortit à l'évêché de Bayonne, à la Cour impériale de Pau et à l'Académie de Bordeaux ; il fait partie de la 13e division militaire dont le siége est à Bayonne, et de la 4e préfecture maritime (Rochefort). — Sol fertile seulement dans la partie inférieure des vallées, magnifiques forêts, élève de chevaux, porcs et volailles, exploitation de terre à poterie, d'ardoises ; sources minérales nombreuses.

Pau (18,600 hab.), chef-lieu du département et siége d'une cour impériale est bâtie à l'extrémité d'un plateau dominant le cours du gave qui porte son nom. Elle possède encore le château où naquit Henri IV. Fabriques importantes de toiles et linge de table, et de coutellerie ; commerce de chevaux et jambons de Bayonne ; grand marché pour la vente de mulets aux Espagnols. Patrie de Bernadotte, chef de la nouvelle dynastie suédoise.

Oloron (6,000 hab.), sur une colline que baigne le gave de son nom, fait un grand commerce de laines du pays et de laines d'Espagne, de salé et de jambons de Bayonne, de bois pour mâtures, peignes en bois et en buis, etc.

Orthez (6,700 hab.), sur la rive droite du gave de Pau, a des fabriques de produits chimiques et des tanneries. Commerce de jambons, draps et cuirs.

Bayonne (19,000 hab.), siége d'un évêché de la 13e division militaire, et place forte, est située au confluent de l'Adour et de la Nive, et communique avec Bordeaux par une voie ferrée. Elle a des chantiers de constructions pour la marine, des fabriques d'ancres, chaînes, câbles, bouchons, chocolat, cordages etc., fait un grand commerce de vins, rouenneries, quincaillerie, matières résineuses, laines, grains, jambons, etc. — *Biarritz* (2,400 hab.), bourg maritime qui possède des bains très-fréquentés.

Mauléon (1,400 hab.), sur la rive droite du gave de ce nom, n'a rien de remarquable. — *Saint-Palais* (1,600 hab.), siége du tribunal civil de l'arrondissement, est située sur le Bidouze.

COMTÉ DE FOIX.

Ce comté, dont la capitale était *Foix*, fut réuni à la couronne en 1589, lors de l'avénement de Henri IV ; on en a formé un département, celui de l'Ariége, ch.-l. *Foix*.

ARIÉGE.

Ce département, qui doit son nom à son principal cours d'eau, a une superficie de 4,893 kil. c. et une population de 251,300 hab. On le divise en 3 arrondissements, savoir : Foix, ch.-l. de préfecture; *Pamiers* et *Saint-Girons*, ch.-l. de sous-préfectures.

Remarque. — L'Ariége ressortit à l'évêché de Pamiers, à la Cour impériale et à l'Académie de Toulouse, et fait partie de la 11e division militaire dont le siége est à Perpignan. — Production surabondante de céréales, exploitation de plâtre, alun, terres alumineuses, fer et cuivre; fabrication de tabletterie et de draps.

Foix (5,200 hab.), sur une étroite langue de terre comprise entre l'Ariége et le Larget, son affluent, a des foires importantes pour bestiaux et laine du pays. — *Lavelanet* (3,000 hab.). Importantes fabriques de draps, filatures de laines.

Pamiers (7,600 hab.), siége d'un évêché, est placée sur la rive droite de l'Ariége; elle est au centre d'une région industrielle.

Saint-Girons (4,000 hab.), sur le Salat, a des scieries de planches et des fabriques de papiers, et fait avec l'Espagne un grand commerce de laines, porcs et mulets.

LANGUEDOC.

Le Languedoc, échut en 1271 à Philippe III, par suite du traité de Paris (1229), signé entre saint Louis et Raymond VII. Plus tard, Philippe de Valois (1349) y ajouta le comté de Montpellier. — Ces territoires se répartissent à peu près également dans le bassin de l'océan Atlantique et dans celui de la Méditerranée; nous les attribuons au premier, parce que la capitale, Toulouse, y est placée. — Ils ont formé 8 départements, savoir : Haute-Garonne, ch.-l. *Toulouse;* Aude, ch.-l. *Carcassonne;* Tarn, ch.-l. *Albi;* Hérault, ch.-l. *Montpellier;* Gard, ch.-l. *Nîmes;* Lozère, ch.-l. *Mende;* Ardèche, ch.-l. *Privas;* Haute-Loire, ch.-l. *le Puy.*

HAUTE-GARONNE.

Ce département tire son nom de sa position sur la partie supérieure du cours de la Garonne; il a 6,289 kil. c. de superficie et une population de 481,200 hab. On le divise en 4 arrondissements, savoir : arr. de Toulouse, ch.-l. de préfecture; *Villefranche, Muret,* et *Saint-Gaudens,* ch.-l. de sous-préfectures.

Remarque. — La Haute-Garonne ressortit à l'archevêché, à la Cour impériale et à l'Académie de Toulouse, et fait partie de la 12e division militaire dont le siége est à Toulouse. — Sol fertile en céréales et en vignes; élève considérable de bestiaux, eaux minérales abondantes, tanneries et manufactures de couvertures, chapeaux, limes et faux, etc.

Toulouse (103,100 hab.), chef-lieu du département, siége d'un archevêché, d'une cour impériale, d'une académie, d'un des six grands commandements et de la 12e division militaire, est située sur la rive droite de la Garonne d'où elle s'étend chaque jour sur la rive gauche. Elle possède un arsenal, une manufacture de tabacs, une fonderie de canons, des ateliers de fabrication des poudres, des manufactures de limes et de faux, de porcelaine, de cuirs vernis, des fonderies en fer et en cuivre, etc. Mais ce qui fait la gloire de Toulouse, ce sont ses sociétés savantes et littéraires, et le goût de sa population pour les arts et les lettres. C'est la patrie de Clémence Isaure, qui fonda les jeux floraux, du jurisconsulte Cujas, etc.

Villefranche (3,000 hab.), sur le Lers et près du canal du Midi. Grand marché pour les céréales.

Muret (4,000 hab.), au confluent de la Louge et de la Garonne, a des fabriques de gros draps et de faïence.

Saint-Gaudens (5,000 hab.), sur un plateau à gauche de la Garonne, a une importante fabrique de porcelaine et faïence. — *Bagnères-de-Luchon* (3,090 hab.), située au pied des Pyrénées, a des bains d'eaux thermales sulfureuses très-renommées, et une exploitation importante de manganèse, cuivre, bismuth, etc.

AUDE.

Ce département, placé dans le bassin de la Méditerranée, tire son nom du cours d'eau qui en arrose le territoire du sud au nordest : il a 6,313 kil. c. de superficie et une population de 282,800 hab. On le divise en 4 arrondissements, savoir : arr. de Carcassonne, ch.-l. du département, *Limoux*, *Narbonne* et *Castelnaudary*.

Remarque. — Il ressortit à l'évêché de Carcassonne, à la Cour impériale et à l'Académie de Montpellier ; il fait partie de la 11e division militaire dont le siége est à Perpignan, et de la 5e préfecture maritime (Toulon). — Produits plus que suffisants en céréales et en vins ; usines et forges importantes, manufactures de draps fins, papeteries, tanneries, exploitation de plâtre, marbre, manganèse, houille, etc.

Carcassonne (20,000 hab.), chef-lieu du département et siége d'un évêché, est située sur les deux rives de l'Aude. Fabriques de draps, de laine à tricoter ; fonderies de cuivre, plomberies, etc. — *Caunes* (2,500 hab.), sur l'Argent-Double. Exploitation importante de marbre gris et agate.

Limoux (6,800 hab.), chef-lieu d'arrondissement, sur l'Aude, a d'importantes fabriques de draps et de ratine. Grand commerce du vin que produisent ses environs. Patrie de Fabre-d'Églantine.

Narbonne (14,500 hab.), sur le canal de la Roubine, qui communique avec la Méditerranée par l'étang de Sigean, est la première colonie fondée par les Romains en Gaule. La cathédrale de Saint-Just est un magnifique monument gothique, et rappelle que cette ville fut jadis le siége d'un archevêché. Grand commerce d'eaux-de-vie, vins, grains et farines. C'est la patrie du poëte Varron, de l'empereur Marc-Aurèle, de l'orateur Fronton, du savant Montfaucon, etc.

Castelnaudary (9,600 hab.), sur le canal du Midi, a de belles manufactures de laine et des foires importantes pour les blés, vins, bestiaux et instruments aratoires. Patrie du général Andréossy. Bataille de 1632 entre Louis XIII et Gaston d'Orléans, dont le duc de Montmorency commandait les troupes.

TARN.

Ce département tire son nom de la rivière qui le traverse de l'est à l'ouest : il a 5,742 kil. c. de superficie et une population de 355,000 hab. On le divise en 4 arrondissements, savoir : Albi, ch.-l. de préfecture ; *Castres, Gaillac* et *Lavaur*, ch.-l. de sous-préfectures.

Remarque. — Le Tarn ressortit à l'archevêché d'Albi, à la Cour impériale et à l'Académie de Toulouse, et fait partie de la 12e division militaire dont le siége est à Toulouse. — Sol fertile; production suffisante en céréales, surabondante en vins; culture en grand de l'anis et de la coriandre; bois et forêts; élève de porcs, de moutons, de volailles, d'abeilles, de vers à soie et de chevaux pour la cavalerie légère; fabrication de tissus et draps, forges, aciers renommés.

Albi (14,600 hab.), chef-lieu du département et siége d'un archevêché, est bâtie sur les deux rives du Tarn. Belle cathédrale sous l'invocation de sainte Cécile; filatures de laine peignée et cardée, fabriques d'essence d'anis, etc. Patrie de la Pérouse.

Castres (22,000 hab.), sur les deux rives de l'Agout, a d'importantes fabriques de draps, de papiers, de parchemin et de toiles. C'est la patrie de l'historien Rapin Thoyras. — *Mazamet* (10,300 hab.), sur un petit affluent de l'Agout. est la grande fabrique de draps, molletons et flanelles du Midi. — *Sorèze* (2,700 hab.), sur le Sor, doit son renom à une institution que dirige aujourd'hui le R. P. Lacordaire.

Gaillac (7,800 hab.), sur la rive droite du Tarn, fait un grand commerce de vins du pays. Patrie de Dom Vaissette. — *Rabastens* (5,400 hab.), sur la rive droite du Tarn, a d'importantes fabriques de toiles de chanvre.

Lavaur (7,300 hab.), sur la rive gauche de l'Agout, a de nombreuses filatures de soie. — *Graulhet* (5,600 hab.), sur le Dadou, a d'importantes mégisseries.

HÉRAULT.

Ce département, placé dans le bassin de la Méditerranée, tire son nom du petit cours d'eau qui le traverse du nord au sud: il a 6,198 kil. c. de superficie et une population de 400,400 hab. — On l'a partagé en 4 arrondissements, savoir : Montpellier, ch.-l. de préfecture; *Béziers, Lodève* et *Saint-Pons*, ch.-l. de sous-préfectures.

Remarque. — L'Hérault ressortit à l'évêché, à la Cour impériale et à l'Académie de Montpellier, et fait partie de la 10e division militaire dont le siége est à Montpellier, et de la 5e préfecture maritime (Toulon). — Sol fertile, production insuffisante de céréales, mais surabondante en vins et huiles d'olives; élève de vers à soie, abeilles et bêtes à laine; fabrication de draps, de soie, de toile, de coton et surtout d'eaux-de-vie; tanneries, salines et pêcheries.

MONTPELLIER (49,700 hab.), chef-lieu du département, siége d'un évêché, d'une cour impériale, d'une académie et de la 10e division militaire, est bâtie sur un plateau qui domine la petite rivière de Lès. Elle possède de nombreux établissements d'instruction. Fabrication importante de toiles de coton, d'huile, parfumerie, vert-de-gris. crème de tartre, vitriol et eau-forte; tanneries, etc. Patrie du poëte Roucher, du chimiste Chaptal, de l'archichancelier Cambacérès, de Cambon, le conventionnel, du comte Daru, l'historien, de Vien, le peintre. — *Cette* (21,000 hab.), à l'embouchure du canal du Midi, est notre deuxième port de commerce sur la Méditerranée. Grands chantiers de construction de navires; manufactures de verre, savon, bouchons, eaux-de-vie, liqueurs; pêches, salines et grande exploitation des produits des départements voisins, dont elle est le véritable port. — *Frontignan* (2,000 hab.), au nord-est, et *Lunel* (6,700 hab.), au sud-ouest de Montpellier, sont connues pour la fabrication des vins muscats qui portent leurs noms. — *Ganges* (4,600 hab.) a des fabriques renommées de gants, bonnets et bas de soie.

BÉZIERS (23,500 hab.), sur une colline au pied de laquelle passent l'Orb et le canal du Midi, est une ancienne ville qui était le siége d'un évêché. Grand commerce de vins, eaux-de-vie et produits chimiques. C'est la patrie de Riquet, auteur du canal du Midi, de Pélisson, etc. — *Agde* (9,400 hab.), petit port à l'embouchure de l'Hérault, et défendu par le fort de Brescou, fait un commerce important de grains, farines, laines, vins et eaux-de-vie. — *Bédarieux* (9,800 hab.), sur la rive gauche de l'Orb, a d'importantes fabriques de draps, des filatures de laine et des tanneries.—*Pézénas* (7,200 h.), près de la rive droite de l'Hérault, a le marché régulateur du prix des eaux-de-vie et des esprits pour toute l'Europe.

LODÈVE (12,700 hab.), au pied des Cévennes, a d'importantes fabriques de draps pour l'armée. C'est la patrie du cardinal Fleury.

SAINT-PONS (6,600 hab.), sur la rive droite du Jaur, a des fabriques de draps..

GARD.

Ce département, qui appartient au bassin de la Méditerranée, tire son nom d'un affluent du Rhône : il a une superficie de 5,835 kil. c. et une population de 419,500 hab. — Il forme 4 arrondissements, savoir : NIMES, ch.-l. de préfecture; *Alais, Uzès* et *le Vigan*, ch.-l. de sous-préfectures.

Remarque. — Le Gard ressortit à l'évêché et à la Cour impériale de Nimes, et à l'Académie de Montpellier, et fait partie de la 10e division militaire dont le siége est à Montpellier. — Production insuffisante en céréales, abondante en vins, huile d'olive, soie et châtaignes; exploitation de marais salants, fabriques d'étoffes de soie, etc.

Nîmes (54,300), chef-lieu du département, siége d'un évêché et d'une cour impériale, est une ville ancienne bâtie au pied de collines peu élevées; elle est riche en monuments romains, parmi lesquels nous citerons les *Arènes*. Elle a d'importantes fabriques de bonneterie, gants de soie, bourre de soie, filoselle, fil d'Écosse, châles, foulards; draps, étoffes pour meubles, tapis, nougats, fruits confits, dragées, chocolats, huiles, vinaigre, etc. Nîmes est d'ailleurs l'entrepôt de toutes les soies gréges et ouvrées du Midi. C'est la patrie de l'empereur Antonin, de Nicot qui apporta le tabac en Europe, du peintre Sigalon, de M. Guizot, etc. — *Beaucaire* (12,700 hab.), sur le Rhône et à l'origine du canal de son nom, communique avec Tarascon par un pont magnifique. Cette ville ouvre le 15 juillet de chaque année une foire qui égale en importance les plus célèbres de l'Europe.

Alais (20,000 hab.), sur la rive gauche du Gardon et sur une ligne de fer qui la fait communiquer avec la *Grand'Combe* et avec Nîmes, a des fonderies et des forges, des filatures de soie et des tanneries. — La *Grand'Combe* (6,300 hab.) doit son existence à l'exploitation des houilles; elle a une usine à zinc et à plomb.

Uzès (6,300 hab.), sur la rive droite de l'Auzon, a des filatures de soie et des fabriques de toiles et de draps.

Le Vigan (4,600 hab.), sur un petit affluent de l'Hérault, a des fabriques de bonneterie de coton et fil d'Écosse, bourre de soie et peaux blanches dites du Vigan. C'est la patrie du chevalier d'Assas.

LOZÈRE.

Ce département tire son nom d'un des sommets de la chaîne des Cévennes : sa superficie est de 5,169 kil. c. et sa population de 140,800 hab. On le divise en 3 arrondissements, savoir : Mende, ch.-l. de préfecture; *Florac* et *Marvejols*, ch.-l. de sous-préfectures.

Remarque. — La Lozère ressortit à l'évêché de Mende, à la Cour impériale de Nîmes et à l'Académie de Montpellier, et fait partie de la 10e division militaire dont le siége est à Montpellier. — Sol généralement peu fertile; les pâturages et les mines sont les seules ressources de la population, qui élève du gros bétail et des moutons, exploite des mines de plomb argentifère, de fer, cuivre, antimoine, des carrières de marbre et de pierres à bâtir; fabrique de toiles et petites étoffes de laine.

Mende (6,800 hab.), chef-lieu du département et siége d'un évêché, est bâtie sur le Lot. Elle a des fabriques de serges, draps et escots qui donnent lieu à une assez forte exportation pour l'Espagne, l'Italie et même l'Allemagne. — *Châteauneuf-de-Randon* (1,500 hab.) est célèbre par le siége de 1380, qu'elle soutint contre Duguesclin, qui mourut sous ses murs.

Florac (2,300 hab.), sur la rive gauche du Tarnon, n'a rien de remarquable.

Marvejols (4,700 hab.), sur la rive droite de la Colagne, a des filatures de laine.

ARDÈCHE.

Ce département, qui appartient au bassin de la Méditerranée, tire son nom d'un des affluents du Rhône : il a une superficie de 5,526 kil. c. et une population de 385,800 hab. — Il forme 3 arrondissements, savoir : Privas, ch.-l. de préfecture ; *Largentière* et *Tournon*, ch.-l. de sous-préfectures.

Remarque. — Ce département ressortit à l'évêché de Viviers, à la Cour impériale de Nîmes et à l'Académie de Grenoble. — Récolte insuffisante en céréales, surabondante en châtaignes, pommes de terre et vins; élève de moutons, de chèvres, porcs, abeilles et vers à soie; exploitation de houille, de marbre, d'antimoine et de fer.

Privas (5,200 hab.), chef-lieu du département, sur une colline qui domine le vallon de l'Ouvèze, fait un commerce assez important de soie, cuirs, cochons gras, beurre, fromages, châtaignes, etc. — *Aubenas* (8,000 hab.), sur une colline et près de l'Ardèche, fait un grand commerce de soies. — *Viviers* (2,700 hab.) siége d'un évêché.

Largentière (3,200 hab.), a des fabriques desoie et des forges.

Tournon (4.900 hab.), sur la rive droite du Rhône, fait un assez grand commerce de vins de l'Ermitage et de soies. — *Annonay* (13,600 hab.), près du confluent de la Cance et de la Deaume, a des mégisseries et des fabriques d'albumine d'œufs, de colle forte, de gélatine et surtout de papier. C'est la patrie de Montgolfier et de Boissy-d'Anglas. — *Saint-Peray* (2,700 hab.) Commerce des vins célèbres qui portent son nom.

HAUTE-LOIRE.

Ce département tire son nom de sa position dans la partie supérieure du bassin de la Loire : sa superficie est de 4,962 kil. c. et sa population de 301,200 hab. — Il forme 3 arrondissements, savoir : Le Puy, ch.-l. de préfecture ; *Yssingeaux* et *Brioude*, ch.-l. de sous-préfectures.

Remarque. — Ce département ressortit à l'évêché du Puy, à la Cour impériale de Riom et à l'Académie de Clermont, et est compris dans la 20e division militaire dont le siége est à Clermont. — Sol généralement peu fertile; légumes et fruits excellents, pâturages où l'on nourrit beaucoup de bétail et surtout des mules et des mulets; exploitation de houille, d'antimoine et de marbre; fabrication de dentelles, de rubans de soie, de couvertures de laine de toiles, d'épingles, etc.

Le Puy (16,600 hab.), chef-lieu du département et siége d'un évêché, est bâtie sur les pentes de la montagne d'Anis, dont la rivière de Borne baigne le pied. Fabrication importante de dentelles et de blondes; brasseries, tanneries, fonderies, foires pour chevaux, mules et mulets, bestiaux, grains, toiles, cuirs, etc. Le Puy est la patrie du cardinal de Polignac. — *Craponne* (3,700 hab.) a d'importantes fabriques de dentelles.

Yssingeaux (7,600 hab.), sur une colline entre la Terrasse et l'Auze, a des fabriques de blondes et de faucilles. — *Saint-Didier-la-Seauve* (5,116 hab.) a des fabriques de rubans de soie.

Brioude (4,900 hab.), chef-lieu d'arrondissement, sur l'Allier, n'a rien de remarquable. — *Ally*, à 16 kilom. de Brioude, exploite une mine d'antimoine. — *Les Barthes-Vergonghon, Fondary* et *Grosméuil*, à 15 kilom. de Brioude, ont des exploitations de houille.

AUVERGNE.

Cette province, comprise dans les possessions vassales de l'Angleterre, fut presque entièrement conquise par Philippe-Auguste (1211-1213); mais saint Louis (1230) restitua au comte Guillaume la partie située sur la rive droite de l'Allier et qui avait Vic-le-Comte pour capitale. Dès lors l'Auvergne forma trois États. — La partie restée aux mains des rois de France, et ayant Riom pour capitale, fut donnée à des princes de la famille royale et érigée en duché. La confiscation prononcée et exécutée sur le connétable de Bourbon, son dernier possesseur (1527-1531), lui fit faire retour à la couronne. — La partie restituée au comte Guillaume arriva, par héritage, à Marguerite de Valois qui la donna à Louis XIII. Celui-ci l'annexa à la couronne en 1610. — Enfin, la partie non conquise, et appelée Dauphiné-d'Auvergne (v. pr. Vodables, Issoire, Tourzel, etc.), entra par mariage dans la maison Bourbon-Montpensier et fut confisquée en même temps que le duché. — Avant 1789 l'Auvergne formait un gouvernement qui avait pour capitale *Clermont*; elle forme aujourd'hui 2 départements, le Cantal, ch.-l. *Aurillac*, et le Puy-de-Dôme, ch.-l. *Clermont*.

CANTAL.

Ce département, qui doit son nom à la plus élevée de ses montagnes, a une superficie de 5,741 kil. c. et une population de 247,500 hab. — On le divise en 4 arrondissements, savoir : Aurillac, ch.-l. de préfecture; *Mauriac, Murat* et *Saint-Flour*, ch.-l. de sous-préfectures.

Remarque. — Le Cantal ressortit à l'évêché de Saint-Flour, à la Cour impériale de Riom et à l'Académie de Clermont; il est compris dans la 20e division militaire dont le siége est à Clermont. — Produits en céréales insuffisants;

prairies couvrant plus du tiers du département et nourrissant un bétail nombreux, chevaux excellents pour la cavalerie légère, mulets recherchés par les habitants du Midi, bêtes à laine de bonne espèce, fromages renommés, faïencerie, poterie et chaudronnerie.

AURILLAC (11,000 hab.), chef-lieu du département, près de la rive droite de la Jordane, a des fabriques de papier, de dentelles, d'ustensiles en cuivre; foires pour bestiaux, chevaux, mulets, toiles, etc. C'est la patrie du pape Sylvestre II.

MAURIAC (3,400 hab.), sur le flanc d'une colline, entre l'Onze et la Dordogne, a des foires renommées pour les chevaux.

MURAT (2,500 hab.), sur la rive gauche de l'Alognon, a une importante fabrication de chaudronnerie et de dentelles. Commerce actif de grains et de fromages.

SAINT-FLOUR (5,600 hab.), siége d'un évêché, est bâtie sur une montagne basaltique au-dessus de la vallée qu'arrose le Dauzan ; elle est construite en laves. Grande fabrication de chaudrons et autres ustensiles de cuivre; draps communs, colle forte. Patrie du poëte dramatique du Bellay. — *Chaudes-aigues* (2,000 hab.), dans un vallon très-resserré, a des eaux thermales dont la température s'élève à 88 degrés centigrade, et qui, circulant sous presque toutes les maisons, servent à tous les usages de la vie.

PUY-DE-DOME.

Ce département doit son nom à la montagne qui le domine : il a une superficie de 7,950 kil. c., et une population de 590,000 hab. — On le divise en 5 arrondissements, savoir : CLERMONT, ch.-l. de préfecture; *Ambert, Issoire, Riom* et *Thiers*, ch.-l. de sous-préfectures.

Remarque. — Ce département ressortit à l'évêché de Clermont, à la Cour impériale de Riom et à l'Académie de Clermont; il fait partie de la 20e division militaire dont le siége est à Clermont. — Sol très-fertile dans la partie appelée *Limagne*, et qui s'étend sur les deux rives de l'Allier; tout y abonde, et les céréales, le vin, les fourrages alimentent les départements voisins; dans les autres parties, les pâturages occupent presque tout le territoire, et la population élève des chevaux, des bêtes à laine et du gros bétail; exploitation de plomb, d'antimoine, de fer, de houille, de pierres de taille; commerce de fruits, fromages, peaux et basanes, mercerie, pâtes d'Italie et toiles.

CLERMONT (38,000 hab.), chef-lieu du département, siége d'un évêché, d'une académie et de la 20e division militaire, est bâtie sur un plateau élevé de plus de 50 mètres. On cite sa cathédrale, qui date du douzième siècle, mais n'est point achevée; l'église Notre-Dame-du-Port, qui semble remonter aux premiers siècles du christianisme, etc.; la fontaine de saint Alyre, renommée pour l'apparence de pétrification qu'elle donne aux objets qu'on expose à ses eaux. Clermont a des fabriques de grosse draperie, toiles, bonneterie, papier, coutellerie, faïence, fruits confits, pâtes alimentaires et semoule; des filatures de coton et de chanvre, des tanneries, des manufactures de caoutchouc. En 1095, la première croisade y fut prêchée. C'est la patrie de Grégoire de Tours, Sidoine Apollinaire, Pascal, etc. — A 1 kil. de Clermont, à laquelle un édit de 1633 l'a réunie, se trouve *Mont-Ferrand*, jadis place forte, aujourd'hui simple faubourg. — *Billom* (4,600 hab.), ancienne capitale de la Limagne, a une importante fabrication de poterie vernissée. — *Mont-Dore-les-Bains*, grand établissement thermal.

Ambert (7,700 hab.), près de la rive droite de la Dore, a des fabriques de papier et de rubans, et des foires pour bestiaux, grains, etc. — *Arlanc* (4,000 hab.), à 16 kilom. d'Ambert, et *Viverols* (1,300 hab.), à 28 kilom., ont d'importantes fabriques de blondes et dentelles.

Issoire (6,000 hab.), sur la rive gauche de la Couze et près du point où elle se jette dans l'Allier, fait un commerce considérable d'huile de noix, de blé, vins et quincaillerie. C'est la patrie du chancelier Duprat.

Riom (12,000 hab.), siége d'une cour impériale, est une jolie ville bâtie sur une hauteur et près d'une petite rivière; elle a peu d'industrie. C'est la patrie de Malouet. — *Pontgibaud* (1,100 hab.), petite ville bâtie sur la Sioule, a une importante exploitation de plomb argentifère, et des eaux minérales gazeuses. — *Volvic* (5,400 hab.) a de vastes carrières de pierres volcaniques.

Thiers (15,200 hab.), sur la pente d'une montagne baignée par la Durolle, a d'importantes fabriques de coutellerie.

BASSIN DE LA MÉDITERRANÉE.

Ce bassin renferme 6 de nos anciennes provinces : le Roussillon, cap. *Perpignan*; le Lyonnais, cap. *Lyon*; la Bourgogne, cap. *Dijon*; la Franche-Comté, cap. *Besançon*; le Dauphiné, cap. *Grenoble* et la Provence, cap. *Aix*. — Le Comtat Venaissin, cap. *Carpentras*; le Comté d'Avignon, cap. *Avignon*; et l'Ile de Corse, cap. *Bastia*, réunis depuis 1791 sont aussi compris dans ce bassin.

ROUSSILLON.

Cette province, définitivement conquise sur l'Espagne par Louis XIII, en 1632, fut cédée à la France par le traité des Pyrénées (1659) : elle avait *Perpignan* pour capitale; — on en a formé 1 seul département, celui des Pyrénées-Orientales, ch.-l. *Perpignan*.

PYRÉNÉES-ORIENTALES.

Ce département tire son nom de sa position au pied de la partie la plus orientale des Pyrénées : sa superficie est de 4,122 kil. c., et sa population de 183,000 hab. — On le divise en 3 arrondissements, savoir : PERPIGNAN, ch.-l. de préfecture; *Céret* et *Prades*, ch.-l. de sous-préfectures.

Remarque. — Ce département ressortit à l'évêché de Perpignan, à la Cour impériale et à l'Académie de Montpellier, et fait partie de la 11e division militaire dont le siége est à Perpignan. — Sol peu fertile, produits en céréales à peine suffisants, mais très-abondants en fruits et en vins; élève de mulets et surtout de bêtes à laine, chevaux, abeilles et même vers à soie; exploitation de fer, eaux sulfureuses.

PERPIGNAN (25,500 hab.), chef-lieu du département, siége de la 11e division militaire et place forte, est placée sur la rive droite de la Tet. Elle fait le commerce de draps, toiles, grains, peaux, vins, eaux-de-vie.

CÉRET (3,500 hab.), sur la rive droite du Tech, n'a rien de remarquable. — *Saint-Laurent-de-Cerdans* (2,200 hab.). Clouteries en grand.

PRADES (3,000 hab.), sur la rive droite de la Tet, a des foires assez suivies pour les produits du pays. — *Vernet*, village qui a des eaux thermales renommées.

LYONNAIS.

Sous ce nom sont comprises trois petites provinces réunies à des dates différentes à la monarchie française : 1° le LYONNAIS proprement dit, qui avait *Lyon* pour capitale et appartenait aux évêques de cette ville : Philippe le Bel profita de la lutte qui existait entre la population et les évêques pour s'emparer de la ville et de son territoire (1312); — 2° le FOREZ, qui avait pour villes principales *Montbrison* et *Feurs*, arriva par mariage dans la maison de Bourbon et fut confisqué par François Ier sur le fameux connétable (1527); — 3° le BEAUJOLAIS (*Beaujeu-Villefranche*), qui, arrivé aussi à la maison de Bourbon et confisqué sur le connétable, fut rendu à la duchesse de Montpensier, qui, par mariage, le porta dans la famille d'Orléans, dont elle devint un des apanages. — Ces trois provinces formaient un gouvernement dont la capitale était *Lyon* : elles forment aujourd'hui deux départements, celui de la LOIRE, ch.-l. *Saint-Étienne;* et celui du RHÔNE, ch.-l. *Lyon.*

LOIRE.

Ce département, presque tout entier dans le bassin de l'Océan Atlantique, doit son nom au fleuve qui le traverse du sud au nord : il a une superficie de 4,759 kil. c. et une population de 506,000 hab., et forme 3 arrondissements, savoir : SAINT-ÉTIENNE, ch.-l. de préfecture; *Montbrison* et *Roanne*, ch.-l. de sous-préfectures.

Remarque. — Ce département ressortit à l'archevêché, à la Cour impériale et à l'Académie de Lyon ; il appartient à la 8e division militaire dont le siége est à Lyon. — Sol peu fertile, céréales insuffisantes, éducation en grand de bétail et de volailles, exportation de châtaignes, fromages et planches de sapin, exploitation de houille et de fer.

SAINT-ÉTIENNE (94,500 hab.), chef-lieu du département, dans une étroite vallée et sur le Furens, à la jonction de la ligne de fer de Lyon à Saint-Étienne avec celle de Saint-Étienne à Roanne. Cette ville, devenue chef-lieu du département depuis 1855, doit son développement à l'exploitation du bassin houiller sur lequel elle est placée. Elle a une manufacture impériale d'armes à feu, une école de mineurs, des fabriques d'acier, d'armes à feu, quincaillerie, serrurerie, rubans de soie, lacets, etc. — *Firminy* (6,400 hab.), forges et aciéries. — *Rive-de-Gier* (14,700 hab.), à la naissance du canal de Givors. Exploitation importante de houille, forges et aciéries de la marine et des chemins de fer, verrerie importante. — *Saint-Chamond* (10,500 hab.) au confluent du Gier et du Janon, et sur la ligne ferrée de Saint-Étienne à Lyon, a des fabriques de clouterie et de quincaillerie, des aciéries et d'importantes fabriques de lacets.

MONTBRISON (7,500 hab.), sur le Vizezy et sur la ligne ferrée de Saint-Étienne à Lyon, devait à sa position centrale et à son titre d'ancienne résidence des comtes du Forez d'être le chef-lieu du département. Elle n'a rien de remarquable.

ROANNE (15,000 hab.), sur la rive gauche de la Loire, à l'origine du canal de Digoin et du chemin de fer d'Andrézieux. Fabriques importantes de cotonnades. — *Charlieu* (3,800 hab.). Fabriques de soieries, toiles et linge de table. — *Saint-Symphorien-de-Laye* (4,500 hab.), sur une hauteur que baigne le Gand, a des fabriques de mousselines et une exploitation houillère.

RHONE.

Ce département tire son nom du fleuve qui lui sert de limite à l'est ; sa superficie est de 2,790 kil. c. et sa population de 626,000 hab. — Il forme 2 arrondissements, savoir : LYON, ch.-l. de préfecture ; et *Villefranche*, ch.-l. de sous-préfecture.

Remarque. — Ce département ressortit à l'archevêché, à la Cour impériale et à l'Académie de Lyon ; il fait partie de la 8e division militaire dont le siége est à Lyon. — Sol peu fertile ; produits insuffisants en céréales ; pommes de terre, marrons et fruits abondants, vins renommés, exploitation de houille et de cuivre ; industrie remarquable en soieries, mousselines, toiles de coton, charcuterie, etc.

LYON (293,000 hab.), chef-lieu du département, siége d'un archevêché, d'un des six grands commandements, d'une cour impériale, d'une académie et de la 8e division militaire, est une grande et belle ville bâtie au confluent du Rhône et de la Saône. Elle est divisée en cinq arrondissements, et son administration est modelée sur celle de Paris. Des fortifications importantes en font une place de guerre de premier ordre. Son étendue, sa population, son industrie et son commerce la placent immédiatement après Paris. Ses soieries sont les premières du monde, et ses châles rivalisent avec ceux de l'Inde. Lyon est la patrie des empereurs romains Marc Aurèle, Claude et Caracalla, de Germanicus, de saint Ambroise et de saint Irénée, de Jacquart, d'Ampère, des botanistes de Jussieu, des écrivains de Ballanche, de Gérando, de l'architecte Philibert Delorme, etc. — *Givors* (9,700 hab.), au confluent du Gier et du Rhône, a des verreries et des fonderies importantes.

Villefranche (11,700 hab.), sur la rive gauche du Morgon et sur la ligne de fer de Paris à Lyon, a des fabriques de tissus coton, de toiles peintes et un marché important pour bestiaux. — *Beaujeu* (5,641 hab.), sur la rive droite de l'Ardière, et *Belleville-sur-Saône* (3,000 hab.), font un grand commerce de vins. — *Tarare* (13,000 hab.), sur la Tardine, est connue pour la fabrication des mousselines et des peluches de soie. — *Thizy* (2,800 hab.) a des fabriques de cotonnades.

BOURGOGNE.

Sous ce nom sont comprises plusieurs petites provinces qui n'ont été réunies à la couronne que successivement. 1° Louis XI, après la mort de Charles le Téméraire, duc de Bourgogne (1477), s'empara d'une portion des États de ce prince, et le traité d'Arras (1482) légitima son usurpation. 2° Henri IV conquit sur les ducs de Savoie la Bresse (Bourg), le Bugey (Belley), le pays de Gex et le Valromey (Châteauneuf), et le traité de Lyon confirma cette conquête (1601); 3° enfin la principauté de Dombes (Trévoux) fut cédée à Louis XV par le fils du duc du Maine (1761), qui l'avait reçue de la grande Mademoiselle. — Ces diverses portions de la Bourgogne avaient *Dijon*, pour capitale. Elles ont formé 4 départements, savoir : l'Yonne, ch.-l. *Auxerre*; la Côte-d'Or, ch.-l. *Dijon*; Saône-et-Loire, ch.-l. *Mâcon*; et l'Ain, ch.-l. *Bourg*.

YONNE.

Ce département, formé en grande partie aux dépens de la Champagne et placé par conséquent dans le bassin de la Manche, tire son nom d'un des affluents de la Seine. Sa superficie est de 7,428 kil. c. et sa population de 369,000 hab. — On le divise en 5 arrondissements, savoir : Auxerre, ch.-l. de préfecture; *Avallon, Joigny, Sens* et *Tonnerre*, ch.-l. de sous-préfectures.

Remarque. — Ce département ressortit à l'archevêché de Sens, à la Cour impériale de Paris et à l'Académie de Dijon, et fait partie de la 1re division militaire dont le siége est à Paris. — Sol généralement fertile, céréales abondantes, vignobles renommés, élève de bestiaux; industrie peu développée; on cite la briqueterie comme remarquable, grand commerce de bois, de merrain et de futailles.

Auxerre (15,000 hab.), chef-lieu du département, sur une colline et sur la rive gauche de l'Yonne, a une cathédrale remarquable; l'église de Saint-Germain renferme le tombeau de saint Germain l'Auxerrois. Cette ville fait un grand commerce de vins et de bois avec Paris, et a tous les mois un fort marché pour les bestiaux. — *Chablis* (2.200 hab.), sur la rive gauche du Serain, a des vins blancs renommés. — *Coulanges-la-Vineuse* (1,300 hab.) doit son nom à l'abondance et à la qualité de ses vins que préférait Henri IV.

Avallon (5,500 hab.), sur le Cousin, a des tanneries assez importantes. — *Vezelay* (1,100 hab.), petite ville près de la Cure, est célèbre par la prédication de la seconde croisade (1145).

Joigny (6,500 hab.), sur l'Yonne et sur la pente d'une colline, fait un commerce assez important de vins et de futailles. — *Villeneuve-sur-Yonne* (5,000 hab.). Fabrication de tuiles, commerce important de raisinés.

Sens (10,500 hab.), siége d'un archevêché, est une très-ancienne ville située sur la rive droite de l'Yonne. Elle a une belle cathédrale dont les vitraux ont été peints par Jean Cousin, et qui contient le mausolée du grand Dauphin, fils de Louis XV, dû au ciseau de Jean Coustou. Sens a des fabriques de boutons, et fait un commerce assez étendu de vins, grains, bois flotté, etc. — *Pont-sur-Yonne* (1,800 hab.) fait un grand commerce de tuiles et briques de Bourgogne.

Tonnerre (4,700 hab.) est bâtie sur la rive gauche de l'Armançon et près du canal de Bourgogne, dans une contrée fertile en vins. Exploitation des pierres de Tonnerre et fabrication de ciment romain. — *Ancy-le-Franc* (1,800 hab.), bourg remarquable par le château élevé sur les dessins du Primatice.

COTE-D'OR.

Ce département, dont la partie septentrionale appartient au bassin de la Manche, tire son nom de la chaîne de montagnes qui s'élève au sud-ouest de Dijon : Sa superficie est de 8,761 kil. c. et sa population de 385,000 hab. — On le divise en 4 arrondissements, savoir : Dijon, ch.-l. de préfecture; *Beaune, Chatillon-sur-Seine et Semur*, ch.-l. de sous-préfectures.

Remarque. — Ce département ressortit à l'évêché, à la Cour impériale et à l'Académie de Dijon; et fait partie de la 7e division militaire dont le siége est à Besançon. — Agriculture avancée, surabondance de céréales; légumes; fruits et plantes oléagineuses; prairies naturelles; engrais des bestiaux; vins de qualité supérieure, fabrication de vinaigres; moutarde, sucres de betterave; eaux-de-vie, exploitation métallurgique importante, etc.

Dijon (33,500 hab.), chef-lieu du département, siége d'un évêché, d'une cour impériale et d'une académie, est placée au confluent de l'Ouche et du Suzon. Elle renferme quelques monuments parmi lesquels nous citerons la cathédrale, qui contient les mausolées de Philippe le Hardi et de Jean sans Peur, ducs de Bourgogne. Filatures de laines, fabriques de moutarde, dé pain d'épices, de tuiles, briques et carreaux, et commerce de vins, vinaigres, grains, etc. Dijon est la patrie de Saumaise, Bossuet, Crébillon, Piron, Rameau, etc.

Auxonne (7,000 hab.), place forte, sur la rive gauche de la Saône. — *Fontaine-Française* (1,100 hab.), célèbre par la victoire que Henri IV y remporta en 1595 sur les Espagnols et les ligueurs réunis. — *Gevrey-Chambertin* (1,680 hab.). Vins renommés.

Beaune (10,400 hab.), sur la Bouzeoise et sur la ligne de fer de Paris à Lyon, est le centre de la contrée viticole de la Bourgogne, et fait un grand commerce de vins. — *Chassagne.* Vins renommés. — *Cîteaux*, ancienne abbaye, aujourd'hui colonie agricole de jeunes détenus. — *Meursault* (2,227 hab.), *Nuits* (5,000 hab.), *Pommard* (1,200 hab.), *Pouilly-en-Auxois* (1,000 hab.), et *Volnay* (600 hab.) ont toutes donné leur nom à des vins renommés. — *Nolay* (2,200 hab.), sur la Cusance, est la patrie de Carnot.

Chatillon-sur-Seine (4,900 hab.), dans une région peu fertile. Congrès de 1814. Patrie du duc de Raguse.

Semur (5,800 hab.), sur une hauteur que baigne l'Armançon, n'a rien de remarquable. — *Montbard* (2,500 hab.), sur la Brenne et le canal de Bourgogne, a encore le château où naquit Buffon.

SAONE-ET-LOIRE.

Ce département, situé en partie dans le bassin de l'océan Atlantique, tire son nom des deux cours d'eau qui arrosent son territoire. Sa superficie est de 8,551 kil. c. et sa population de 575,000 hab. — Il forme 5 arrondissements, savoir : Mâcon, ch.-l. de préfecture; *Autun, Châlon-sur-Saône, Charolles* et *Louhans*, ch.-l. de sous-préfectures.

Remarque. — Ce département ressortit à l'évêché d'Autun, à la Cour impériale de Dijon et à l'Académie de Lyon; il fait partie de la 8ᵉ division militaire dont le siége est à Lyon. — Céréales suffisantes, vins renommés, élève de bétail importante dans l'arrondissement de Louhans, exploitation de mines de houille, de fer et de manganèse, verreries, papeteries, draps, tapis, etc.

Macon (16,500 hab.), chef-lieu du département, sur la rive droite de la Saône et sur la ligne de fer de Paris à Lyon, fait un grand commerce de vins. — *Cluny* (4,550 hab.) est célèbre par l'abbaye de Bénédictins, qui y fut fondée au dixième siècle. — *Romanèche* (2,500 hab.) est renommée pour ses vins, et exploite une mine de manganèse. — *Tournus* (5,600 hab.), sur la Saône, est la patrie du peintre Greuze.

Autun (12,000 hab.), siége d'un évêché, est une très-ancienne ville située près de la rive gauche de l'Arroux; a des fabriques d'huile de schiste. — *Le Creusot* (13,400 hab.) a un chemin de fer particulier qui le relie au canal du centre, et facilite l'exportation des produits de ses exploitations houillères et de ses ateliers de construction de machines.

Chalon-sur-Saône (20,00 hab.), sur la rive droite de la Saône et à l'embouchure du canal du Centre, fait un grand commerce de vins, fer, houille, grains, etc. C'est l'entrepôt des envois du commerce du Midi. — *Montcha-nin-les-Mines* (2,400 hab.). Mines de houille sur le canal du Centre.

CHAROLLES (3,200 hab.), au confluent de la Semence et de l'Arconce, dans une région de forêts et de pâturages, fait le commerce de bestiaux, de bois et de charbon de terre. — *Digoin* (5,100 hab.), sur la Loire, à la prise d'eau du canal du Centre et du canal latéral à la Loire, sert d'entrepôt au commerce du pays.

LOUHANS (5,600 hab.), sur la Seille, sert de dépôt aux expéditions du commerce de Lyon en Suisse, et fait un grand commerce de grains, chevaux, bestiaux, etc.

AIN

Ce département tire son nom d'une rivière qui le traverse du nord au sud : il a une superficie de 5,798 kil. c. et une population de 371,000 hab., et forme 5 arrondissements, savoir : BOURG, ch.-l. de préfecture; *Belley, Nantua, Gex* et *Trévoux*, ch.-l. de sous-préfectures.

Remarque. — L'Ain ressortit à l'évêché de Belley, à la Cour impériale et à l'Académie de Lyon, et fait partie de la 8e division militaire dont le siége est à Lyon. — Production surabondante de céréales, de vins et d'eaux-de-vie, élève de bestiaux, de chevaux et de volailles, exploitation de fer, de tourbe, de houille et d'asphalte, fabrication de draps, de fromages et d'horlogerie.

BOURG (11,700 hab.), chef-lieu du département, sur la Reyssouse et sur la ligne de Paris à Genève, a un fort marché pour les grains, les volailles et les bestiaux. C'est la patrie de Vaugelas et de l'astronome Lalande.

BELLEY (4,900 hab.), siége d'un évêché, a des foires importantes pour la vente des bestiaux, des chevaux, de la draperie et de la mercerie. — *Seyssel* (1,300 hab.), sur le Rhône, a des mines d'asphalte. — *Tenay*, sur l'Albarine, a des filatures de soie et laine.

NANTUA (3,500 hab.), dans une gorge entourée de rochers et sur les bords d'un lac de son nom, fait un grand commerce de sapins et de fromages, et a d'importantes fabriques de peignes en corne. — *Oyonnax* (3,500 hab.), re-nommée pour la fabrication des peignes en buffle, corne, etc.

GEX (2,700 hab.), sur le torrent de Journans et sur un des revers du Jura, fait un commerce actif de bois, charbons, vins et fromages. — *Ferney* (1,100 hab.), petite ville illustrée et enrichie par Voltaire, qui y introduisit l'industrie de l'horlogerie.

TRÉVOUX (2,800 hab.), sur la rive gauche de la Saône et sur la ligne de fer de Paris à Lyon, est célèbre par le journal scientifique et le dictionnaire qui portent son nom, et que les Pères jésuites y firent imprimer en 1701.

FRANCHE-COMTÉ.

La Franche-Comté, dont la capitale était *Besançon*, fut conquise par Louis XIV en 1674, et définitivement annexée après le traité de

Nimègue (1678); elle s'accrut de la petite principauté de Montbéliard que la maison de Wurtemberg céda à la France en 1793, et a formé trois départements, savoir : la HAUTE-SAÔNE, ch.-l. *Vesoul;* le DOUBS, ch.-l. *Besançon;* et le JURA, ch.-l. *Lons-le-Saulnier.*

HAUTE-SAONE.

Ce département tire son nom de sa position dans la partie supérieure du bassin de la Saône qui le parcourt du nord au sud-ouest. Sa superficie est de 5,339 kil. c. et sa population de 312,400 hab. — On le divise en 3 arrondissements, savoir : VESOUL, ch.-l. de préfecture; *Gray* et *Lure,* ch.-l. de sous-préfectures.

Remarque. — Ce département ressortit à l'archevêché, à la Cour impériale et à l'Académie de Besançon, et est compris dans la 7e division militaire dont le siége est à Besançon. — Agriculture peu avancée. mais sol généralement fertile; pâturages des montagnes excellents, élève importante de bestiaux et de chevaux, exploitations de fer, de houille, de pierres de taille, de marbre, etc.; acieries, faïenceries, fabriques de cotonnades et de kirschenwasser, etc.

VESOUL (7,300 hab.), chef-lieu du département, sur le Durgeon et la Font-de-Champs-Domoy, qui se réunissent un peu au-dessous d'elle, fait un assez fort commerce de grains, vins, bétail, etc.

GRAY (7,200 hab.), sur la Saône et sur la ligne de fer de Nancy, est l'entrepôt des marchandises du Midi et des denrées coloniales. Elle fait un grand commerce de charbon de terre, ciment romain, grains et vins.

LURE (3,300 hab.), dans une belle plaine qu'arrose l'Ognon, fait le commerce de vins, grains, fer, cuir, etc. — *Fougerolles* (5,000 hab.), a des fabriques de kirschenwasser. — *Héricourt* (3,500 hab.). Filatures de chanvre et de coton, fabriques de cotonnades et impressions sur coton et sur soie. — *Luxeuil* (3,700 hab.). Eaux thermales. — *Plancher-les-Mines,* célèbre par la fabrication des carrés de montres, de vis en bois, etc.

DOUBS.

Ce département tire son nom de la rivière qui le parcourt dans toute son étendue : il a une superficie de 5,227 kil. c., une population de 287,000 hab. et forme 4 arrondissements, savoir : BESANÇON, ch.-l. de préfecture; *Pontarlier, Baume* et *Montbéliard,* ch.-l. de sous-préfectures.

Remarque. — Ce département ressortit à l'archevêché, à la Cour impériale et à l'Académie de Besançon, et est compris dans la 7e division militaire dont le siége est à Besançon. — Le Doubs se compose de trois régions : la plaine, riche en céréales et même en vignobles; la région moyenne, qui offre quelques fertiles vallées où les céréales réussissent encore; enfin la montagne, qui présente surtout des forêts de sapins et des pâturages magnifiques, et a une fabrication importante de fromages. L'exploitation des mines de fer et les industries qui s'y rattachent sont en grande prospérité.

BESANÇON (45,600 hab.), chef-lieu du département, siége d'un archevêché, d'une académie, d'une cour impériale et de la 7ᵉ division militaire, est une place forte de premier ordre bâtie sur le Doubs qui l'enveloppe presque de tous côtés. Le chemin de fer de Dijon à Belfort y passe. Elle a des fabriques d'horlogerie, des forges et des fonderies, et fait un grand commerce de vins, toiles, draps, cuirs, mercerie, etc.

PONTARLIER (4,900 hab.), sur le Doubs et au milieu d'une région montagneuse, est une jolie petite ville qui a d'importantes fabriques d'absinthe, et fait un commerce actif de grains, vins, fromage et horlogerie.

BAUME-LES-DAMES (2,600 hab.), près du Doubs, doit son nom à une abbaye célèbre de Bénédictines, où saint Gontran fut enterré.

MONTBÉLIARD (5,800 hab.), sur l'Allan et la Lusine, a des fabriques d'instruments aratoires, d'horlogerie et de limes, et fait un commerce important de cuirs, de planches de sapin et de bois pour la marine. C'est la patrie des deux Cuvier.

JURA.

Ce département tire son nom de la chaîne de montagnes qui le sépare de la Suisse : il a une superficie de 4,994 kil. c., une population de 296,700 hab. et forme 4 arrondissements, savoir : LONS-LE-SAULNIER, ch.-l. de préfecture; *Poligny, Saint-Claude* et *Dôle*, ch.-l. de sous-préfectures.

Remarque. — Le Jura ressortit à l'évêché de Saint-Claude, à la Cour impériale et à l'Académie de Besançon, et est compris dans la 7ᵉ division militaire dont le siége est à Besançon. — Produits de l'agriculture insuffisants; élève de bétail et de chevaux, fabrication de fromages, salines célèbres, commerce de bois, fer, horlogerie, etc.

LONS-LE-SAULNIER (9,500 hab.), chef-lieu du département, sur la Vallière, fait un grand commerce de vins, d'huile épurée, et de fer. Patrie du général Lecourbe. — *Clairvaux* (1,500 hab.), sur un beau lac, a des forges importantes.

POLIGNY (5,400 hab.), près des sources de la Glantine, a des foires pour bœufs du Charolais, chevaux de trait, porcs, fromages, vins, blés, etc. — *Arbois* (6,000 hab.), siége du tribunal de première instance de l'arrondissement, est bâtie sur les bords de la Cuisance, dans une contrée renommée pour ses vins. Elle a des fabriques d'huile, de papier, et des scieries hydrauliques. — *Champagnole* (2,900 hab.), au fond d'une gorge, a des forges importantes. — *Salins* (6,470 hab.), au pied des montagnes, sur la rive droite de la Furieuse, fait un commerce considérable de bois pour la construction et la marine. Salines qui lui ont donné son nom.

SAINT-CLAUDE (5,800 hab.), siége d'un évêché, est bâtie au confluent de la Bienne et de l'Isson, non loin d'une cascade qu'on appelle *Cascade de l'abîme* Fabriques de mesures métriques en bois et en métal; papeterie mécanique, tabletterie dite de Saint-Claude. — *Morez* (3,800 hab.), sur la Bienne, a d'importantes fabriques de balances, cadrans d'émail, ressorts de montres, horloges à poids et de toutes sortes, limes et lunettes, etc.

Dôle (10,900 hab.), sur le penchant d'une colline, au-dessus d'une plaine que traversent le Doubs et le canal du Rhône au Rhin, fait un commerce considérable avec la Suisse.

DAUPHINÉ.

Cette province n'est venue en notre possession que par portions détachées : Une première partie fut cédée à Philippe de Valois moyennant 200,000 florins et sous la condition d'une administration séparée; une seconde partie fut léguée à Charles VII en 1454 et enfin une troisième partie, composée de la principauté d'Orange fut occupée par Louis XIV, qui fit sanctionner cette prise de possession par le traité d'Utrecht (1713) — Le Dauphiné, dont la capitale était *Grenoble*, forme aujourd'hui 3 départements, celui de l'Isère, ch.-l. *Grenoble;* des Hautes-Alpes, ch.-l. *Gâp;* et de la Drôme, ch.-l. *Valence.*

ISÈRE.

Ce département tire son nom de la rivière qui le traverse de l'est à l'ouest; sa superficie est de 8,289 kil. c. et sa population de 576,600 hab. — Il forme 4 arrondissements, savoir : Grenoble, ch.-l. de préfecture, *Latour-du-Pin, Saint-Marcellin* et *Vienne,* ch.-l. de sous-préfectures.

Remarque. — Ce département ressortit à l'évêché, à la Cour impériale et à l'Académie de Grenoble, et est compris dans la 8e division militaire dont le siége est à Lyon. — Agriculture avancée; les produits sont les céréales, les vins, les fruits et les bois; l'élève du gros bétail très-développée; chevaux et mulets, porcs, moutons et abeilles; mines de fer, de plomb, de cuivre, de houille, ardoises, etc., fabriques de draps, toiles, fromages, liqueurs et ganterie.

Grenoble (52,800 hab.), chef-lieu du département, siége d'un évêché, d'une cour impériale et d'une académie, est une place forte située sur l'Isère. C'est le centre d'une grande fabrication de gants, de chapeaux de paille, de ciment et de liqueurs. C'est la patrie de Condillac, Mably, Vaucanson, Barnave, Casimir Périer, etc. — *Allevard* (2,846 hab.). Eaux thermales sulfureuses et forges importantes. — *Voiron* (8,852 hab.), petite ville sur la Morge, a des fabriques de toiles, de papier, et des distilleries de liqueurs.

Latour-du-Pin (2,500 hab.), sur la rive gauche de la Bourbre, n'a rien d'important. — *Bourgoin* (4,400 hab.), siége du tribunal civil de l'arrondisse-

ment, près de la Bourbre, a des impressions sur soie, des manufactures d'in-
dienne et des fabriques de toiles.

SAINT-MARCELLIN (3,400 hab.), près de la rive droite de l'Isère, n'offre rien
de remarquable. — *Izeaux*, fabriques considérables de souliers.

VIENNE (19,000 hab.), sur la rive gauche du Rhône, a des antiquités romaines. Fabriques de draps et de savons; concile de 1311 où Clément V pro-
nonça la condamnation des Templiers.

HAUTES-ALPES.

Ce département tire son nom de sa position sur la partie la
plus élevée des Alpes françaises : sa superficie est de 5,589 kil. c.
et sa population de 129,500 hab. — On le divise en 3 arrondissements, savoir : GAP, ch.-l. de préfecture; *Briançon* et *Embrun*, ch.-l. de sous-préfectures.

Remarque. — Ce département ressortit à l'évêché de Gap, à la Cour impériale et à l'Académie de Grenoble, et est compris dans la 8e division militaire
dont le siége est à Lyon. — Peu de céréales, élève de mulets, de bétail; tanneries, fabriques de toiles.

GAP (8,900 hab.), chef-lieu du département et siége d'un évêché, est bâtie
au confluent de la Bonne et de la Luye. Commerce de grains, fruits, laines
brutes et bestiaux. — *Saint-Bonnet* (1,771 hab.), eaux minérales. Patrie du
duc de Lesdiguières.

BRIANÇON (4,600 hab.), place de guerre, est placée sur une hauteur au pied
de laquelle coule la Durance, qu'un pont d'une seule arche permet de franchir.

EMBRUN (4,700 hab.), sur la rive droite de la Durance, est une place forte
dont on cite l'église et l'ancien palais épiscopal.

PROVENCE.

La Provence, léguée à Charles, comte du Maine, par le bon roi
René (1480), passa l'année suivante aux mains de Louis XI que le
comte du Maine avait institué héritier, et fut annexée définitivement
par Charles VIII (1486). La vallée de Barcelonnette et la viguerie
d'Entrevaux furent ajoutées, la première en 1713 et la seconde en
1760, et complétèrent ainsi le gouvernement de Provence qui avait
Aix pour capitale. Aujourd'hui la Provence forme 3 départements,
les BASSES-ALPES, ch.-l. *Digne;* le VAR, ch.-l. *Draguignan*, et les
BOUCHES-DU-RHÔNE, ch.-l. *Marseille.*

BASSES-ALPES.

Ce département, ainsi nommé de sa position sur la partie la moins élevée des Alpes françaises, a une superficie de 6,954 kil. c. et une population de 149,600 hab. On le divise en 5 arrondissements, savoir : Digne, ch.-l. de préfecture; *Barcelonnette, Castellane, Forcalquier* et *Sisteron*, ch.-l. de sous-préfectures.

Remarque. — Le département des Basses-Alpes ressortit à l'évêché de Digne, à la Cour impériale et à l'Académie d'Aix, et est compris dans la 9ᵉ division militaire dont le siége est à Marseille. — La partie montagneuse n'a que des pâturages; la partie que comprend presque entièrement la vallée de Barcelonnette est très-fertile : les céréales et les vins y sont suffisants; élève de bétail, d'ânes, de mulets, d'abeilles et de vers à soie; fabrication de draps, bonneterie et coutellerie; eaux thermales.

Digne (5,400 hab.), chef-lieu du département et siége d'un évêché, est bâtie sur la rive gauche de la Bléone; fabriques de draps. — *Champtercier*, village près de Digne, est la patrie de l'astronome Gassendi.

Barcelonnette (2,100 hab.), sur l'Ubaye, donne son nom à la belle vallée dans laquelle elle est située. Fabriques de draps.

Castellane (2,100 hab.), sur la rive droite du Verdon, est connue pour ses fruits et ses pruneaux.

Forcalquier (5,000 hab.), sur un rocher, est une ville fort ancienne qui n'offre rien de remarquable. — *Manosque* (5,900 hab.) a d'importantes filatures de soie.

Sisteron (4,500 hab.), sur la rive droite de la Durance, est défendue par une citadelle. Filatures de soie et de coton, commerce de quincaillerie.

VAR.

Ce département tire son nom du petit fleuve qui le limite à l'est : il a une superficie de 7,226 kil. c. et une population de 372,000 hab. On le divise en 4 arrondissements, savoir : Draguignan, ch.-l. de préfecture, *Brignoles, Grasse* et *Toulon*, ch.-l. de sous-préfectures.

Remarque. — Ce département ressortit à l'évêché de Fréjus, à la Cour impériale et à l'Académie d'Aix, et est compris dans la 9ᵉ division militaire dont le siége est à Marseille, et dans la 5ᵉ préfecture maritime (Toulon). — Récolte de céréales insuffisante; vins, fruits abondants, belles forêts qui fournissent à la construction maritime; élève de bestiaux, chevaux, ânes, mulets, abeilles et vers à soie; mines et carrières nombreuses; grande fabrication de savons, parfumerie, bouchons, filatures de soie, etc.

Draguignan (11,000 hab.), chef-lieu du département, près d'un affluent de l'Argens, est adossée à la montagne du Malmont, qui l'abrite contre les vents du nord. Distilleries, fabriques de savon et filatures de soie. — *Fréjus* (2,700 hab.), siége d'un évêché, est située à 2 kilom. de la mer, sur laquelle elle eut jadis un port très-important que les atterrissements de l'Argens ont comblé. — *Saint-Tropez* (3,600 hab.), petit port de mer très-commerçant, a des chantiers de construction, et fait une grande exportation de thon mariné, anchois, etc.

Brignoles (5,800 hab.), sur un petit affluent de l'Argens, a des tanneries et des fabriques d'huile et de cire.

Grasse (11,700 hab.), sur le penchant d'une colline, dans une région célèbre pour la culture des plantes aromatiques, a d'importantes fabriques de parfumerie et de savon. — *Antibes* (6,600 hab.), port de mer fortifié, a des chantiers de construction maritime, et fait un commerce assez actif de fruits, olives et salaisons. C'est la patrie du maréchal Reille. — *Cannes* (5,800 hab.), port très-commerçant, a des distilleries, des fabriques d'huile et de savons, et fait une grande exportation de parfumerie. Napoléon y débarqua en 1815, à son retour de l'île d'Elbe.

Toulon (82,700 hab.), siége de la 5e préfecture maritime, est notre grand port de guerre sur la Méditerranée. Elle fait un grand commerce de vins. C'est au siége de cette ville, tombée au pouvoir des Anglais, que Bonaparte se fit connaître. — *Hyères* (9,400 hab.), ville ancienne, à 4 kilom. de la mer. Commerce d'huile, exploitation de salines.

BOUCHES-DU-RHONE.

Ce département doit son nom à sa situation à l'embouchure du fleuve qui l'arrose : il a une superficie de 5,104 kil. c., une population de 473,400 hab., et se divise en 3 arrondissements, savoir : Marseille, ch.-l. de préfecture; *Aix* et *Arles*, ch.-l. de sous-préfectures.

Remarque. — Ce département appartient, pour son premier arrondissement, à l'évêché de Marseille, et pour les deux autres à l'archevêché d'Aix; il est dans le ressort de la Cour impériale et de l'Académie d'Aix, et est compris dans la 9e division militaire dont le siége est à Marseille, et dans la 5e préfecture maritime (Toulon). — Sol généralement ingrat, peu de céréales, excédant de vins, grande culture d'oliviers, d'amandiers et de figuiers, élève de bétail, de chevaux et surtout de chèvres, pêche considérable d'anchois, thon et corail, mines de houille, carrières de marbre, etc., filatures de coton, papeteries, distilleries, etc.

Marseille (234,000 hab.), chef-lieu du département, siége d'un évêché et de la 9e division militaire, est notre premier port de commerce. Une ligne de fer la relie à Lyon et à Paris; des lignes de bateaux à vapeur la mettent en relation avec toutes les parties du monde. Elle a des fabriques de produits chimiques, de savon, huile d'olives, de bijouterie, etc. C'est la patrie de Pétrone, de Dumarsais, de Mascaron, du sculpteur Puget, de Barbaroux, etc. — *La Ciotat* (7,600 hab.), petit port qui arme pour la grande pêche.

Aix (26,100 hab.), siége d'un archevêché, d'une académie et d'une cour impériale, est située dans un vallon arrosé par l'Arc. Elle a des eaux minérales, et fait un grand commerce d'huiles renommées. Cette ville est la patrie de Vanloo, Adanson, Tournefort, Brueys, etc.

Arles (24,800 hab.), sur la rive gauche du Rhône, a des antiquités ro-

maines. Commerce de vins, fruits, huile et surtout de saucissons renommés.
— *Tarascon* (13.200 hab.) est le siége du tribunal civil de l'arrondissement.
Bâtie sur la rive gauche du Rhône, cette ville communique par un port avec
Beaucaire. Grand commerce de denrées et produits du pays.

COMTAT VENAISSIN ET AVIGNON.

Le comtat Venaissin, dont la capitale était *Venasque*, ville aujourd'hui ruinée, et la ville d'Avignon, furent réunis à la France en
1791, par suite d'un décret de l'Assemblée constituante : les traités
de Tolentino (1797) et de Lunéville (1801) sanctionnèrent cette
prise de possession. — Ces territoires, augmentés de la principauté
d'Orange, réunie en 1713, forment aujourd'hui 1 département, celui
de VAUCLUSE, ch.-l. *Avignon*.

VAUCLUSE

Ce département, qui doit son nom à une fontaine célèbre, a une
superficie de 3,547 kil. c. et une population de 269,000 hab. —
On le divise en 4 arrondissements, savoir : AVIGNON, ch.-l. de préfecture; *Carpentras, Apt* et *Orange*, ch.-l. de sous-préfectures.

Remarque. — Ce département ressortit à l'archevêché d'Avignon, à la Cour
impériale de Nimes et à l'Académie d'Aix; il est compris dans la 9e division
militaire dont le siége est à Marseille. — Sol peu fertile, céréales insuffisantes, vignes, arbres fruitiers, oliviers, bestiaux en grand nombre malgré la
rareté des pâturages, abeilles et vers à soie, industrie de la garance trèsprospère.

AVIGNON (57,000 hab.), chef-lieu du département et siége d'un archevêché,
est située sur la rive gauche du Rhône et en face de Villeneuve avec laquelle
elle communique par un pont. Parmi les monuments on remarque l'ancien
palais des papes. Avignon a des fabriques de garance et d'étoffes de soie, et
fait un grand commerce de vins, huile, quincaillerie, etc. — *Sorgues-sur-
l'Ouvèze* (4,000 hab.). Usines à garance et filatures de soie.

CARPENTRAS (10,900 hab.), au pied du mont Ventoux et près de la rive
gauche de l'Auzon, est entourée de vieilles fortifications. Grand commerce de
soie, garance et laines.

APT (5,800 hab.), sur la rive gauche du Calavon, a des manufactures de
faïence et des filatures de soie.

ORANGE (10,600 hab.), dans une plaine arrosée par l'Aigues et plusieurs
autres cours d'eau, a des fonderies, des fabriques de mosaïque et des filatures
de soie. — *Vaison* (3,200 hab.) et *Valréas* (4,800 hab.) ont des filatures de
soie, et font un grand commerce de graines de vers à soie.

CORSE.

Cette île, dont la capitale était *Bastia*, fut cédée à la France par les Génois en 1768, mais ne fut déclarée partie intégrante du royaume qu'en 1789. Elle se donna aux Anglais en 1793; mais, reprise en 1799, elle n'a plus cessé de nous appartenir : elle forme 1 département, celui de la CORSE, ch.-l. *Ajaccio*.

CORSE.

Ce département a 8,747 kil. c. de superficie et une population de 240,183 hab. et forme 5 arrondissements, savoir : arr. de AJACCIO, ch.-l. de préfecture; *Sartène, Bastia, Calvi et Corte*, ch.-l. de sous-préfectures.

Remarque. — Ce département ressortit à l'évêché d'Ajaccio, à la Cour impériale de Bastia et à l'Académie d'Aix; il est compris dans la 17e division militaire dont le siége est à Bastia, et dans la 5e préfecture maritime (Toulon). — Agriculture arriérée, forêts magnifiques, mais à peine exploitées, pour la marine; industrie presque nulle, commerce de vins du pays, châtaignes, huiles.

AJACCIO (12,100 hab.), chef-lieu du département et siége d'un évêché, a un port défendu par une citadelle. Fabriques de tabacs. C'est la patrie de Napoléon Ier.

SARTÈNE (3,900 hab.) n'a rien à noter. — *Bonifacio* (3,200 hab.), petit port fortifié, a des fabriques de cire.

BASTIA (17,100 hab.), siége d'une cour impériale et de la 17e division militaire, est une ville maritime fortifiée.

CALVI (1,500 hab.), port fortifié, fait le commerce de grains et d'huile. — L'*Ile-Rousse* (1,600 hab.) a des fabriques de cigares, et fait un commerce assez actif de merceries, d'huiles et de draps.

CORTE (5,000 hab.), place forte bâtie à peu près au centre de l'île, fait le commerce de draps.

---

§ 3. — **Possessions hors de l'Europe et Colonies.**

La France possède :

EN AFRIQUE : L'ALGÉRIE, que sa position et son étendue font la première de nos colonies, est bornée, au nord, par la Méditerranée;

à l'est, par la régence de Tunis; au sud, par le Sahara, et à l'ouest par le Maroc. On la divise en trois provinces ou départements qui portent le nom de leurs chefs-lieux, savoir : à l'est, la province de CONSTANTINE; v. princ., *Constantine*, ch.-l. place forte, située au milieu des terres; *Bône* et *Philippeville*, ports de mer. Au centre, la province d'ALGER; v. princ., *Alger*, ch.-l. de la province et capitale de toute la colonie, port de mer important, fort amélioré depuis la domination française. *Blidah*, au pied des montagnes, dans la plaine célèbre de la Métidja. A l'ouest, la province d'ORAN; v. princ., *Oran*, port de mer, ch.-l. de la province; *Mers-el-Kébir*, dont la rade est très-vaste et sûre, et *Tlemcen*. — L'Algérie forme un gouvernement particulier sous la direction du ministre spécial des colonies qui réside à Paris. Un lieutenant général, résidant à Alger, concentre entre ses mains l'autorité militaire. — La population de l'Algérie est d'environ 3,000,000 d'habitants, dont 167,600 Européens.

Le SÉNÉGAL, sur la côte occidentale de l'Afrique, au sud du Sahara, tire son nom du fleuve qui l'arrose; il forme un gouvernement particulier qui prend tous les jours plus d'importance, et dont la population s'élève à 29,500 habitants; son chef-lieu est *Saint-Louis*, dans une île à l'embouchure du Sénégal; —*Gorée*, située au sud du cap Vert, est une ville fortifiée placée sur un îlot du même nom; elle est la capitale d'un gouvernement qui comprend un grand nombre de comptoirs s'étendant sur la côte de Guinée, et compte 3,000 habitants.

Dans la mer des Indes, au sud-est de l'Afrique, l'*île de* BOURBON ou de la RÉUNION, capitale *Saint-Denis*, chef-lieu d'un gouvernement qui embrasse quelques-unes des Comores, et dont la population s'élève à 59,000 habitants : sa situation est aujourd'hui très-prospère.

EN ASIE : Sur la côte orientale de l'Indoustan, *Pondichéry*, port de mer sur la côte du Coromandel, chef-lieu d'un gouvernement qui comprend *Karikal* au sud et sur la même côte; *Yanaon* au nord sur la côte de Telingana; *Chandernagor* sur l'Hoogly, l'un des bras du Gange, et non loin de Calcutta; enfin *Mahé* sur la côte de Malabar. La population totale de ce gouvernement s'élève à 198,000 habitants.

En Amérique : Les îles de *Saint-Pierre* et *Miquelon*, placées au nord près du banc de Terre-Neuve, forment un commandement qui compte 2,200 habitants, avec une station navale dans la saison de la pêche. — Le gouvernement de la Guadeloupe, composé de la *Guadeloupe*, de la *Désirade*, de *Marie-Galande*, du groupe des *Saintes* et des deux tiers de *Saint-Martin*, îles appartenant à la chaîne des petites Antilles, a pour capitale la *Basse-Terre*, sur la côte occidentale de la Guadeloupe, et compte 133,000 habitants. — Le gouvernement de la Martinique, composé de l'île de ce nom, l'une des plus méridionales des petites Antilles, a pour capitale *Fort-Royal* ou *Fort-de-France*; sa population est de 124,000 habitants. — Le gouvernement de la Guyane, qui comprend la contrée de ce nom, sur la côte nord-est de l'Amérique méridionale, a pour capitale *Cayenne*, et compte 17,600 habitants.

En Océanie, la France a des possessions de deux espèces : les unes lui appartiennent en totalité, les autres sont seulement sous son protectorat et s'administrent librement. Parmi les premières, nous trouvons les îles *Marquises*, ou *Nouka-Hiva*, appelées aussi *Mendana*, du nom de celui qui les découvrit; elles sont situées entre 140° et 143° de longitude occidentale, et entre 7°30′ et 10°26′ de latitude méridionale ; le chef-lieu est le fort *Collet* ; la population totale s'élève à 20,000 habitants. — Les îles placées sous le protectorat sont les îles *Taïti*, qui forment l'archipel de la Société, entre 18° et 19° de latitude sud et 150° et 155° de longitude ouest; les îles *Gambier*, dans l'archipel Pomotou, vers 23° de latitude sud et 137° de longitude ouest; les îles *Wallis* et les îles *Foutouna*.

Depuis 1854, la France a déclaré prendre possession de la grande île appelée *Nouvelle-Calédonie*, située entre 22°30′ et 20°10′ sud et 164°52′ et 181°46′; mais la population, qui paraît atteindre 60,000 âmes, est, jusqu'à ce jour, restée complétement indépendante; la Nouvelle-Calédonie a de riches gîtes de houille.

II. — ILES BRITANNIQUES.

Ces îles, situées au nord-ouest de l'Europe, comprennent deux grandes îles, la GRANDE-BRETAGNE et l'IRLANDE, et plusieurs groupes : les *Shetland*, les *Orcades*, les *Hébrides*, les *Féroé*, au nord de la Grande-Bretagne; les îles de *Man* et d'*Anglesey*, à l'ouest; les *Scilly*, *Wight*, au sud; *Jersey*, *Guernesey* et *Aurigny*, sur les côtes de la France. — Leur superficie est de 518,650 kilomètres carrés, et leur population de 27,658,000 hab. — Leur gouvernement est une monarchie constitutionnelle.

On divise la Grande-Bretagne en 117 comtés. Sa capitale est *Londres*, et ses villes principales *Liverpool*, *Manchester*, *Birmingham*, *Leeds*, *Bristol*.

La Grande-Bretagne est la puissance la plus riche en possessions et colonies : elle possède, en Europe, *Gibraltar*, *Malte*, *Heligoland*; en Asie, *Ceylan*, *Hongkong*, *Labuan* et l'*Indoustan*; en Afrique, la colonie du *Cap*, *Socotora* et de nombreux comptoirs sur la côte occidentale; en Amérique, le *Canada*, la *Jamaïque*, la *Guyane anglaise*, et les îles *Falkland*; enfin dans l'Océanie, l'*Australie*, la *Tasmanie*, la *Nouvelle-Zélande* et de nombreuses stations.

III. — BELGIQUE.

Cet État, le plus peuplé de l'Europe, est borné, au nord, par la mer du Nord et la Hollande; à l'est, par ce même royaume et la Prusse rhénane; au sud et au sud-ouest, par la France. — Sa superficie est de 29,455 kilomètres carrés, et sa population de 4,530,000 hab. — Son gouvernement est une monarchie constitutionnelle.

On divise la Belgique en 9 provinces. Sa capitale est *Bruxelles*, et ses villes principales sont *Anvers*, *Gand* et *Liége*.

---

* Voir la carte d'*Europe politique*, dans l'atlas Babinet.

IV. — HOLLANDE.

La Hollande est bornée, au nord et à l'ouest, par la mer du Nord; à l'est, par la Confédération germanique; et, au sud, par la Confédération germanique et la Belgique. — Une province, le Luxembourg, est séparée du reste de la Hollande par la Belgique, et se trouve enveloppée par la Belgique, au nord; par la France, à l'ouest et au sud; et par la Confédération germanique, à l'est. — La superficie totale de la Hollande est de 35,200 kilom. carrés, et sa population de 3,487,000 hab. — Son gouvernement est une monarchie constitutionnelle. — On la divise en 12 provinces, dont deux, le Limbourg et le Luxembourg, font partie de la Confédération germanique : sa capitale nominale est *la Haye;* ses villes principales sont *Amsterdam* et *Rotterdam.*

La Hollande possède : en Amérique, la *Guyane hollandaise* et quelques *îles;* en Afrique, quelques territoires de la *Guinée,* et, en Océanie, *Java, Maduré,* une partie de *Sumatra,* de *Bornéo,* de *Célèbes,* des *Moluques,* etc.

V. — SUÈDE ET NORVÉGE.

Ces deux États, qui, sous une même dynastie, ont des frontières distinctes et une administration intérieure particulière, sont, dans leur ensemble, limités, au nord, par l'océan Glacial; à l'est, par la Russie et la Baltique; au sud, par la Baltique, le Kattégat et le Skager-Rack; enfin, à l'ouest, par la mer du Nord. — Leur superficie est de 759,055 kil. carrés, et leur population de 4,916,000 habitants.

La Suède forme 24 gouvernements, et a *Stockholm* pour capitale; la Norvége forme 17 bailliages, et a *Christiania* pour capitale.

La Suède possède l'île Saint-Barthélemi dans les Antilles.

VI. — DANEMARK.

Le Danemark, formé du Jutland, du Schleswig, du Holstein et du Lauenbourg, parties continentales, et de nombreuses îles placées à l'entrée de la mer Baltique, est limité, au nord, par le

Skager-Rack; à l'est, par le Kattégat et la mer Baltique; au sud, par le Meklembourg et le Hanovre; et, à l'ouest, par la mer du Nord. — Sa superficie est de 57,035 kilom. carrés, et sa population de 2,469,000 hab. — Cet État a un gouvernement monarchique, sa capitale est *Copenhague*.

Le Schleswig, le Holstein et le Lauenbourg appartiennent à la Confédération germanique.

Le Danemark possède en Amérique l'*Islande*, le *Groenland*, et les îles *Sainte-Croix*, *Saint-Thomas* et *Saint-Jean* dans les Antilles.

VII. — CONFÉDÉRATION GERMANIQUE.

La Confédération germanique ou Allemagne est bornée, au nord, par la mer du Nord, le Danemark et la mer Baltique; à l'est, par la Prusse et l'Autriche; au sud, par l'Autriche et la Suisse; enfin, à l'ouest, par la France, la Belgique et la Hollande. — Sa superficie est de 628,980 kil. car., et sa population de 45,286,116 habitants. — La Confédération germanique comprend 35 États; mais 4 de ces États ne lui appartiennent que pour une portion de leur territoire, ce sont la Prusse, l'Autriche, le Danemark et la Hollande. La capitale de la Confédération est *Francfort-sur-le-Mein*, où se tient la diète qui règle les intérêts communs. — Les principaux États de la Confédération germanique sont la Saxe, le Hanovre, le Wurtemberg, la Bavière et le grand-duché de Bade.

VIII. — PRUSSE.

Cet État se compose de deux parties, dont l'une est située sur les côtes de la Baltique, tandis que l'autre, placée sur les bords du Rhin, appartient au versant de la mer du Nord. — La première, bornée, au nord, par la Baltique; à l'est, par la Russie; au sud, par l'Autriche et la Confédération germanique, et, à l'ouest, par la Confédération germanique et le Danemark, comprend 7 provinces. — La seconde, qu'entourent la Hollande, au nord; la Confédération germanique, à l'est et au sud; la France, la Belgique et la Hollande, à l'ouest, forme 2 provinces. — La Prusse possède en outre les petites principautés de *Hohenzollern-Héchingen* et *Sigmaringen*, au sud-ouest du Wurtemberg.

9.

La Prusse, qui appartient presque tout entière à la Confédération germanique, a une superficie de 280,665 kilomètres carrés, et une population de 17,202,831 hab. Ses principales villes sont *Berlin*, capitale, *Cologne*, *Breslau*, *Kœnigsberg*, *Dantzick* et *Magdebourg*. — Son gouvernement est une monarchie constitutionnelle.

IX. — AUTRICHE.

Cet empire, qui occupe le sud-est de l'Allemagne, a pour limites, au nord, la Saxe et la Prusse; à l'est, la Russie et la Turquie; au sud, la Turquie d'Europe, le golfe Adriatique et l'Italie au sud du Pô; à l'ouest, le Piémont, la Suisse et la Bavière. — Il a une superficie de 666,655 kilomètres carrés, et une population de 39,411,000 hab. — Son gouvernement est une monarchie absolue. — 21 États, dont 10 en dehors de la Confédération germanique, forment le territoire de l'Autriche. — La capitale de cet empire est *Vienne;* ses principales villes sont *Milan*, *Venise*, *Prague* et *Pesth.*

X. — ESPAGNE.

Ce royaume est limité, au nord, par l'océan Atlantique et les Pyrénées; à l'est, par la Méditerranée; au sud, par la Méditerranée et l'océan Atlantique; et, à l'ouest, par le Portugal et l'océan Atlantique. — Sa superficie est de 464,550 kilom. carrés avec les îles Baléares, et sa population de 17,000,000 d'habitants. — Son gouvernement est une monarchie constitutionnelle. — On divise l'Espagne en 48 provinces dont une pour les Baléares.—Sa capitale est *Madrid*, et ses villes principales *Barcelone*, *Séville*, *Malaga*, *Murcie*, *Valence*, *Grenade* et *Cadix.*

L'Espagne possède,—en Afrique, les *Présides*, sur les côtes du Maroc, les *Canaries* et les îles de *Guinée;*—en Amérique, *Cuba*, *Porto-Rico* et les *Vierges espagnoles;* — en Océanie, les *Philippines* et les *Mariannes.*

Au nord de l'Espagne se trouve la petite république d'Andorre, qui reste indépendante sous la protection de la France et de l'Espagne.

XI. — PORTUGAL.

Le Portugal est borné, au nord et à l'est, par l'Espagne; au sud et à l'ouest, par l'océan Atlantique. — Sa superficie est.de 91,245 kilom.. carrés, et sa population de 3,500,000 hab. — Son gouvernement est une monarchie constitutionnelle. — Le Portugal se divise en 17 districts. Sa capitale est *Lisbonne*, et ses villes principales *Porto* et *Coïmbre*.

Les îles *Açores*, *Madère* et *Porto-Santo* sont considérées comme faisant administrativement partie du Portugal : elles forment 4 districts qui comptent 345,000 hab.

Le Portugal possède en outre : — en Afrique, les îles du *Cap-Vert*, *Bissagos*, *Saint-Thomas* et du *Prince;* les territoires d'*Angola*, *Ambriz*, *Benguela*, *Mossamedes* et *Mozambique;* — en Asie, *Goa*, *Salcete*, *Bardez*, *Damao*, *Diu*, *Macao;*— en Océanie, une partie de *Timor*.

XII. — SUISSE.

Cette contrée est bornée, à l'ouest, par la France; au nord et à l'est, par la Confédération germanique; et, au sud, par l'Autriche et le Piémont. — Elle a une superficie de 39,490 kilom. carrés, et une population de 2,392,000 hab. — Elle comprend 22 cantons confédérés pour leurs intérêts généraux, mais indépendants pour leur administration intérieure. — Ses principales villes sont *Berne*, capitale fédérale, *Bâle*, *Zurich* et *Genève*.

XIII. — ITALIE.

Cette péninsule, qui ne tient à l'Europe que par les Alpes, a une superficie de 270,000 kilom. carrés et une population d'environ 25,345,000 habitants. — Elle renferme les ÉTATS SARDES, augmentés de la Lombardie et dont la population est de 8,000,000 d'hab., le gouvernement une monarchie constitutionnelle et la capitale *Turin*. — La VÉNÉTIE, qui appartient à l'Autriche, compte 2.500,000 hab., et a *Venise* pour capitale. — Le duché de PARME, pop. 496,000 hab., cap. *Parme*. — Le duché de MODÈNE, pop. 599,000 hab., cap. *Modène*. — Le grand-duché de TOSCANE, pop. 1,783,000 hab., cap. *Florence*. — Les États de l'ÉGLISE, pop. 3,125,000 hab., cap. *Rome*. — Enfin le royaume des DEUX-SICILES, qui compte 9,117,000 hab., et a *Naples* pour capitale.

Nous compléterons cette énumération en nommant la petite république de SAINT-MARIN, enclavée dans les États de l'Église, et dont la population s'élève à 7,800 hab.

XIV. — TURQUIE.

La Turquie d'Europe, bornée au nord, par l'Autriche et la Russie; à l'est, par la mer Noire; au sud, par la mer de Marmara, l'Archipel et la Grèce; enfin, à l'ouest, par la mer Adriatique et l'Autriche, embrasse un territoire dont la superficie est de 526,405 kil. car.; sa population est de 15,500,000 hab. — On la divise en 15 eyalets ou gouvernements généraux, dont 3, savoir : BOGHDAN (Moldavie), EFLACK (Valachie) et SYRP (Servie), forment de véritables États distincts, dont l'indépendance administrative est stipulée par des traités, et qui payent à la Turquie un tribut fixe. — La capitale de la Turquie est *Constantinople*. — Son gouvernement est un despotisme absolu.

La Turquie possède : — en Asie, l'*Anatolie*, l'*Arménie*, le *Kurdistan*, la *Syrie*, et une portion de l'*Arabie;* — en Afrique, l'*Égypte* et ses dépendances; *Tripoli* et *Tunis*, mais ce dernier État seulement comme tributaire.

A l'ouest de la Turquie, et compris entre la Dalmatie, la Bosnie et l'Albanie, se trouve le petit État du MONTENEGRO, devenu célèbre dans ces derniers temps. Son territoire n'a pas plus de 3,850 kilom. carrés. Sa population s'élève à 125,000 hab.

XV. — GRÈCE.

La Grèce, limitée au nord par la Turquie et de tout autre côté par la mer, a une superficie de 49,225 kilom. carrés et une population de 1,043,000 hab. — On la divise en 10 préfectures, dont une pour les CYCLADES.—Sa capitale est *Athènes;* son gouvernement, une monarchie constitutionnelle.

ILES IONIENNES. — Ces îles, placées à l'ouest de la Grèce, forment, sous le protectorat de la Grande-Bretagne, une petite république dont le territoire a une superficie de 2,805 kilom. carrés. — La population est de 177,000 hab., et la capitale *Corfou,* dans l'île du même nom.

XVI. — RUSSIE.

La Russie est bornée, au nord, par l'océan Glacial; à l'est, par la Kara, les monts Ourals et le fleuve Oural; au sud, par la mer Caspienne, le Caucase, la mer Noire et la Turquie; et, à l'ouest, par l'Autriche, la Prusse, la Baltique et les États scandinaves. — C'est le plus vaste des États de l'Europe, mais il n'est pas peuplé en raison de son étendue, car, pour une superficie de 5,525,595 kil. carrés, il ne compte que 60,123,000 habitants. — La Russie a un gouvernement monarchique absolu. On la divise en 66 gouvernements, dont 2, ceux de Perm et d'Orenbourg, ont une partie de leur juridiction en Asie. —Sa capitale est *Saint-Pétersbourg,* à l'embouchure de la Néva, sur le golfe de Finlande; ses villes principales sont : *Moscou,* capitale religieuse; *Varsovie,* ancienne capitale de la Pologne.

La Russie possède en Asie la Sibérie; et, dans l'Amérique du Nord, de vastes territoires.

ASIE

DESCRIPTION PHYSIQUE ET POLITIQUE *.

Limites. — Mers, golfes et détroits. — Presqu'îles et caps. — Chaînes de montagnes et volcans. — Fleuves et grandes îles. — Contrées.

POSITION ET LIMITES. — L'Asie, qui est la plus grande des cinq parties de la terre et la plus orientale de l'ancien continent, est située entre le 24ᵉ degré de longitude orientale et le 172ᵉ de longitude occidentale, et entre le 1ᵉʳ et le 78ᵉ degré de latitude boréale. — Ses limites sont, au nord, l'*océan Glacial arctique*; à l'ouest, la *Kara*, les monts *Ourals*, le fleuve *Oural*, la mer *Caspienne*, le mont *Caucase*, la mer *Noire*, le *Bosphore*, la mer de *Marmara*, le détroit des *Dardanelles*, la mer *Méditerranée*, l'isthme de *Suez*, qui la rattache à l'Afrique, et enfin la mer *Rouge*. Au sud et à l'est, la mer des *Indes* et le *grand Océan* lui servent de limites. — Sa superficie est évaluée à 45,686,000 kilom. carrés, et sa population à 657,000,000 d'habitants.

GOLFES. — L'Asie est découpée par de nombreux golfes; les principaux sont les golfes de l'*Iénisséi*, de l'*Obi* et de *Kara*, au nord; le golfe d'*Aden*, sur la côte méridionale de l'Arabie; le golfe d'*Oman*, entre l'Arabie et l'Inde; le golfe *Persique*, entre l'Arabie et la Perse; le golfe du *Bengale*, entre l'Inde anglaise et l'Indo-Chine; les golfes d'*Anadyr*, de *Pé-tchy-li*, de *Tong-King* et de *Siam*, sur la côte orientale.

PRESQU'ÎLES. — Ces golfes contribuent à y marquer de grandes presqu'îles : à l'ouest, l'*Asie Mineure;* au sud-ouest, l'*Arabie;* au sud, l'*Indoustan* et l'*Indo-Chine,* et, à l'est, la *Corée* et le *Kamtchatka.*

* Voir la carte d'*Asie* dans l'atlas Babinet.

Caps. — Les caps les plus recommandables sont, au nord, le cap *Taïmourtki* et le cap *Siévéro Vostotchnii*; à l'est, le cap *Oriental*, qui s'avance sur le détroit de Behring; le cap *Lopatka*, à l'extrémité de la presqu'île de Malacca; le cap *Négrais*, dans l'empire Birman sur le golfe de Bengale, et le cap *Comorin*, à la pointe méridionale de l'Inde anglaise.

Chaînes de montagnes. — Le système orographique de l'Asie se compose de plusieurs massifs : le principal est compris entre le 28ᵉ et le 52ᵉ parallèle et présente : au nord, le groupe de l'*Altaï*; à l'ouest, les monts *Thian-chan*; au sud, les monts *Thsoung-ling*; à l'est, les monts *In-schan* et *Khing-chan*.

Un second massif s'élève au nord-ouest, c'est l'*Oural*; à l'ouest nous trouvons le massif *Caucasien* ou *Taurique*; au sud, sont les monts *Himalaya*, dont les sommets, les plus élevés du monde, atteignent jusqu'à 8,575 mètres.

Enfin la presqu'île de l'Hindoustan nous offre un massif détaché, celui des *Ghattes*, séparé de l'Himalaya par le Gange et le Sind.

Volcans. — Les volcans sont plus nombreux en Asie qu'en Afrique et en Europe. Les principaux occupent la presqu'île de Kamtchatka, les îles du Japon, Formose, les îles de l'archipel des Kouriles, et on en signale également dans les monts Altaï, à une grande distance du voisinage de la mer, et dans la chaîne qui sépare l'empire Birman du royaume de Siam.

Versants; fleuves. — Les montagnes la partagent en six versants qui correspondent à autant de bassins, savoir: 1° le versant de l'océan Glacial, qui donne naissance à l'*Obi*, à l'*Iénisséi*, à la *Léna* et à la *Kolima*; 2° le versant du désert de Gobi, où nous trouvons de nombreux lacs et un fleuve, le *Tarim*; 3° le versant du grand Océan, d'où s'écoulent l'*Amour* ou *Sakhalien*, le *Houang-ho* (fleuve Jaune), le *Yangtse-Kiang* (fleuve Bleu), et le *May-Kaoung*; 4° le versant de l'océan Indien, qui porte à la mer l'*Iraouaddy*, le *Brahmapoutra*, le *Gange*, le *Godavery*, le *Kavery*, la *Nerbuddah*, le *Sind* ou *Indus*, et l'*Euphrate*; 5° le versant de l'océan Atlantique, qui n'a qu'un cours d'eau un peu important, le *Kizil-Irmak* (l'ancien Halys)* ; 6° enfin le versant de la mer Caspienne et du lac Aral, qui contribue à former un bassin inté-

---

* Entre les parenthèses se trouve indiqué le nom primitif des pays qui étaient connus des anciens.

rieur, dont la ceinture occidentale est tracée par des hauteurs appartenant à l'Europe et où s'écoulent le *Kour* ou *Cyrus* et l'*Amou-Déria* (Oxus).

Iles. — A l'Asie se rattachent dans l'océan Glacial, du nord, les îles *Liakhov*; dans le Grand Océan, les îles *Kouriles*, qui ferment la mer d'Okhotsk au sud; l'île *Tarrakaï* ou *Krafto*, près des côtes de la Mandchourie et à l'ouest de la mer d'Okhotsk; l'île d'*Iséo*, l'île *Niphon*, l'île *Sikokf* et l'île *Kiou-Siou*, entre le Grand Océan et la mer du Japon; l'île *Formose*, au sud-ouest de la mer Orientale; l'île *Haï-nan*, entre la mer de Chine et le golfe de Tong-King; dans l'océan Indien, l'île de *Ceylan*, au sud-est de l'Inde anglaise; dans la mer Méditerranée, l'île de *Chypre*, au sud de l'Asie Mineure.

Divisions politiques. — L'Asie peut être étudiée politiquement à peu près dans l'ordre marqué tout à la fois par les points cardinaux et les versants. Au nord, la *Sibérie* et tout le versant de l'océan Glacial. A l'est, la *Chine* et ses vastes dépendances; l'empire du *Japon*, composé d'îles qui bordent la côte; l'empire d'*An-nam*, le royaume de *Siam*, appartiennent aux versants du désert de Gobi et du Grand Océan. Au sud, l'empire des *Birmans*, l'*Indoustan*, l'*Afghanistan*, la *Perse*, le *Beloutchistan*, appartiennent entièrement aux versants de l'océan Indien; à l'ouest seulement la séparation n'est pas complète : nous trouvons quelques provinces dépendantes de la Turquie d'Asie, dont les pentes sont divisées entre la mer des Indes, l'océan Atlantique, la mer Caspienne et le lac Aral. A cette division appartiennent le *Turkestan*, au nord-est; la *Russie transcaucasique*, au nord-ouest; la *Turquie d'Asie* à l'ouest, et l'*Arabie* au sud.

1. — SIBÉRIE.

Cette vaste région, appelée aussi Russie d'Asie, n'a au nord, à l'est et à l'ouest, pour limites que celles mêmes de l'Asie; au sud elle est bornée par le Turkestan et l'empire chinois. — Sa superficie est de 15,416,000 kilom. carrés : elle est donc plus grande que l'Europe; mais la rigueur de la température y est telle, que la population ne dépasse pas 4,000,000 d'habitants. — Les Russes, qui n'acceptent pas la séparation conventionnelle tracée entre l'Europe et l'Asie, ont attribué une portion de son territoire aux gouvernements de Perm et d'Orenbourg, placés habituellement dans la partie européenne de leur empire : elle comprend donc 9 gouvernements entiers et 2 demi-gouvernements. — Ses principales villes sont *Tobolsk*, à l'ouest, et *Irkoutsk* au sud.

II. — EMPIRE CHINOIS.

Cet empire, borné au nord par la Sibérie, à l'ouest par le Turkestan, au sud par l'Indoustan, l'empire Birman et l'empire d'Annam, à l'est par la mer de Chine, la mer Orientale et la mer du Japon, a une superficie approximative de 2,680,000 kilom. car. — Sa population, d'après un recensement commencé en 1842 et achevé en 1857, est de 415,000,000 d'hab. — On divise la Chine en 8 parties : Thian-Chan-Nan-Lou ou petite Boukharie, à l'ouest; le Thian-Chan-Pelou ou Dzoungarie, au nord de la précédente; la Mongolie, comprise dans le versant du désert de Gobi et divisée en pays des *Khalkhas*, désert de *Gobi*, et *Charra*, la Mandchourie, au nord-est de l'empire; le royaume de Corée, dans la presqu'île de ce nom; le Thibet, au sud du Thian-Chan-Nan-Lou; le Bhoutan, au sud du précédent, et enfin la Chine proprement dite, divisée elle-même en 18 provinces.

Les principales villes de la Chine sont : *Pékin*, capitale de l'empire, dont la population est de 1,649,000 hab. pour la ville seule, et 2,553,000 hab., si l'on comprend les faubourgs extérieurs et les deux districts de *Da szin* et de *Wan-pih*, regardés par les Chinois comme parties intégrantes de leur capitale; *Nankin*, ancienne capitale; *Chang-Haï*, *Ning-Po*, *Canton*, principaux ports ouverts aux Européens.

Le gouvernement de la Chine est entre les mains d'une dynastie *mandchoue* dont le despotisme est absolu.

III. — JAPON.

Le Japon, puissance insulaire, à l'est de la Chine, se compose de quatre grandes îles, Iéso, Niphon, Sikokf, Kiou-Siou, de la partie méridionale de l'île Tarrakaï et des Kouriles méridionales. On évalue la superficie de son territoire à 700,000 kilom. carrés, et sa population à 4,000,000 d'habitants. Le souverain du Japon, appelé *Koubo* ou *Séogoun*, jouit d'un pouvoir absolu. Les principales villes sont : *Yédo*, capitale politique, située dans l'île de Niphon; *Miako*. capitale religieuse, dans la même île; — *Nangasaki*, dans l'île Kiou-Siou; *Simoda*, dans l'île Niphon, et *Hakotade*, dans l'île Iéso, sont trois ports ouverts aux Européens.

IV. -- EMPIRE D'AN-NAM.

Cet empire, borné au nord par la Chine, à l'ouest par le royaume de Siam, et, de tous les autres côtés, par la mer, compte environ 18,000,000 d'habitants. On le divise en plusieurs États : au nord, le Tong-King, s'étend sur le golfe de ce nom, et a *Ketcho* pour capitale; au sud de celui-ci, la Cochinchine, avec *Hué* pour capitale; enfin, le Camboge, qui occupe la partie la plus méridionale de l'empire, a pour capitale *Saigong*, port très-important. — C'est à Hué que réside le souverain de l'An-nam : ce prince est absolu.

V. — ROYAUME DE SIAM.

Cet État, situé à l'ouest du précédent, s'étend sur le golfe qui porte son nom et sur la côte orientale de la presqu'île de Malacca. Sa population est de 5 à 6,000,000 d'habitants; son souverain est absolu, et sa capitale est *Bangkok*.

Nous ne dirons rien des petits États qui, dans la péninsule de Malacca, échappent à la domination du roi de Siam, parce qu'ils ont peu d'importance.

VI. — EMPIRE BIRMAN.

Cet empire est compris entre la Chine, le royaume de Siam et les possessions anglaises, capitale *Ava*.

VII. — INDOUSTAN.

Sous ce nom nous désignerons la vaste contrée limitée, au nord, par les monts Himalaya; à l'est, par l'empire Birman; à l'ouest, par les monts Soliman, et, de tous les autres côtés, par la mer des

Indes. Sa partie méridionale est plus particulièrement désignée sous le nom de DEKHAN. — L'Indoustan, qui compte environ 180,000,000 d'habitants, est sous la domination de l'Angleterre. *Calcutta*, *Agra*, *Madras* et *Bombay* sont les chefs-lieux d'autant de divisions administratives.

La France et le Portugal possèdent quelques petits territoires sur les côtes de l'Indoustan.

Au sud de Dekhan, l'Angleterre possède encore l'île de CEYLAN (anc. Taprobane), dont la capitale est *Colombo* : la population de cette île est évaluée à 1,627,000 hab.

VIII. — AFGHANISTAN.

L'Afghanistan (anc. Perse orientale) est borné, au nord, par le Turkestan et le royaume de Hérat; à l'ouest, par la Perse; au sud, par le Beloutchistan; à l'est, par l'Indoustan. Il comprend ce que les anciens appelaient Drangiane, Arachosie, Parapomisade et pays des Indiens citérieurs. — Sa population est d'environ 6,000,000 d'habitants et sa capitale *Caboul*.

IX. — HÉRAT.

Le petit État de HÉRAT, détaché du précédent depuis 1826, est indépendant sous la protection de l'Angleterre : sa capitale est *Hérat* (Aria des anciens), et sa population d'environ 1,500,000 habitants.

X. — BELOUTCHISTAN.

Ce pays, (qui est l'ancienne Gédrosie et pays des Ichthyophages), est borné, au nord, par l'Afghanistan; à l'ouest, par la Perse; au sud, par le golfe d'Oman, et, à l'est, par l'Indoustan. Sa capitale est *Kélat*, et sa population d'environ 500,000 hab.

XI. — PERSE.

La Perse, nommée Iran par les Orientaux, est bornée, au nord, par le Turkestan, la mer Caspienne et l'Arménie; à l'ouest, par le

Kourdistan et la Turquie; au sud, par le golfe Persique et le Beloutchistan; et, à l'est, par l'Afghanistan. — Elle répond à la Médie, à la Suziane, à la Perse ancienne, à la Caramanie et à une portion de la Parthie et de l'Hircanie des anciens : sa population est d'environ 10,000,000 d'habitants. Son gouvernement, dont le chef porte le nom de *schah*, est absolu, et sa capitale est *Téhéran*.

XII. — TURKESTAN.

Le Turkestan, qui répond à peu près à la Parthie et à la Bactriane des anciens, est borné, au nord, par la Russie d'Europe et la Sibérie; à l'est, par la Chine; au sud, par la Perse, le royaume de Hérat et l'Afghanistan. — On le divise en pays des TURCOMANS, au sud-ouest; Khanat de KHIVA, au sud du lac d'Aral; BOUKHARIE, au sud-est du précédent; Khanat de KHOKHAN, au nord-est; et enfin pays des KIRGHIZ, au nord. — Cette dernière partie est chaque jour resserrée par les envahissements de la Russie. La population du Turkestan est d'environ 8,000,000 d'habitants.

XIII. — RUSSIE TRANSCAUCASIQUE.

Cette contrée, formée par des conquêtes successives sur la Turquie et la Perse, comprend le revers méridional du Caucase et est limitée, à l'ouest, par la mer Noire (Pont-Euxin); à l'est, par la mer Caspienne, et, au sud, par la Turquie d'Asie et la Perse. Elle répond à la Colchide, l'Ibérie, l'Albanie et l'Arménie septentrionale des anciens et forme les quatre gouvernements d'Erivan, de Kutaïs, de Schemakha et de Tiflis. — Sa population est d'environ 1,695,000 hab. — Dans les montagnes de cette division politique vivent quelques peuplades indépendantes.

XIV. — TURQUIE D'ASIE.

Cette vaste contrée est limitée, au nord, par la Russie transcaucasique (Colchide, Ibérie et Albanie), la mer Noire (Pont-Euxin) et la mer de Marmara (Propontide); à l'ouest, par l'Archipel (mer Égée), la Méditerranée (mer intérieure), l'Afrique (Libye) et la mer Rouge (golfe Arabique); au sud, par la mer des Indes (mer Érythrée), et, à l'est, par la Perse. — Elle renferme environ 16,000,000 d'habitants.—On la divise ordinairement en Asie Mineure ou Anatolie, Arménie, Kurdistan (Assyrie, portion de l'Arménie et de la Mésopotamie des anciens), Al-Djésireh (Mésopotamie), Irak-Arabi (Babylonie), Syrie (Syrie des anciens, Phénicie et Palestine), et une partie de l'Arabie répondant à l'Arabie Pétrée et à l'Arabie Heureuse des anciens. — Au point de vue administratif, la Turquie d'Asie est divisée en 19 eyalets ou gouvernements qui comprennent aussi les îles. — Nous citerons parmi les villes les plus importantes *Smyrne*, en Anatolie; *Damas*, *Jérusalem*, en Syrie; *Bagdad*, dans l'Irak-Arabie.

XV. — ARABIE.

Cette grande presqu'île contient, outre les territoires appartenant à la Turquie et que nous venons d'indiquer, plusieurs petits États dont les principaux sont : l'Hadramaut, sur la côte méridionale; l'Oman, sur la côte orientale, avec *Maskate* pour capitale, El-Haça, au nord du précédent; le Nedjed (Arabie déserte des anciens), au centre.

AFRIQUE

DESCRIPTION PHYSIQUE ET POLITIQUE *.

Situation et limites. — Golfes ; presqu'îles, caps. — Montagnes, volcans. —
Fleuves, grandes îles. — Contrées.

SITUATION ET LIMITES. — L'Afrique, qui occupe la partie méridionale de l'ancien continent, est une vaste presqu'île située entre le 35ᵉ degré de latitude méridionale et le 38ᵉ de latitude septentrionale, et entre le 19ᵉ degré de longitude occidentale et le 48ᵉ de longitude orientale. — Ses limites sont, au nord, la *Méditerranée*; à l'ouest et au sud, l'*océan Atlantique*; et, à l'est, l'*océan Indien* et l'*isthme de Suez* qui la rattache à l'Asie. — Sa superficie est de 29,700,000 kilom. carrés, et sa population présumée de 62,000,000 d'habitants.

GOLFES, PRESQU'ILES. — L'Afrique ne se laisse pénétrer que difficilement par les eaux de l'Océan, et ses côtes ne nous présentent que deux golfes bien marqués : celui de la *Sidre*, au nord, et celui de *Guinée* à l'ouest. — Elle n'a point de presqu'île.

CAPS. — Nous trouvons, dans la Méditerranée, le cap *Bon*, et le cap *Spartel*, qui domine le détroit de Gibraltar.

Dans l'océan Atlantique, le cap *Noun*, au sud-ouest du Maroc; le cap *Bojador* et le cap *Blanc*, sur la côte du Sahara; le cap *Vert*, dans la Sénégambie; le cap des *Palmes*, qui marque au nord le commencement du golfe de Guinée; le cap *Lopez*, qui en marque la limite méridionale; le cap *Negro*, sur la côte de Benguela; le cap de *Bonne-Espérance*, au sud-ouest de la colonie du Cap.

Dans l'océan Indien, le cap des *Aiguilles*, au sud-est de la co-

---

* Voir la carte d'*Afrique* dans l'atlas Babinet.

lonie du Cap; le cap *Corrientes*, qui, sur la côte de Sofala, marque le commencement du canal de Mozambique; le cap *Delgado*, au nord du Mozambique; le cap *Guardafui*, à la pointe orientale du pays de Somal. — L'île de Madagascar nous présente deux caps principaux : le cap d'*Ambre*, au nord; le cap *Sainte-Marie*, au sud.

Montagnes. — Cette vaste presqu'île paraît composée de deux grands plateaux dont la séparation est marquée par une ligne allant du cap Guardafui au golfe de Guinée. L'*Atlas*, au nord, les monts de l'*Abyssinie*, à l'est, et les monts de *Kong*, à l'ouest, sont les trois grands massifs connus du plateau septentrional. Dans le plateau méridional nous ne distinguons encore qu'un seul massif, celui des monts *Nieuweveld*, situé au sud et prolongé vers le nord-est par les monts *Sneeuwberg*.

Volcans. — L'Afrique offre de nombreux cratères de volcans éteints, convertis aujourd'hui presque tous en lacs; elle en a peu en éruption. Nous citerons, sur sa partie continentale, le *Dofâne*, à 80 kilomètres d'Angabar, dans le royaume de Choa; dans les îles, le pic de *Ténériffe* dans l'île de ce nom, et le mont *Salaze*, dans l'île Bourbon.

Versants; fleuves. — Les montagnes de l'Afrique ne déterminent qu'imparfaitement les pentes de son sol, et n'envoient aux mers qui l'enveloppent que des cours d'eau sans importance : nous excepterons cependant le *Nil*, qui, coulant du sud au nord, va se jeter dans la Méditerranée après avoir parcouru une des plus célèbres vallées du monde; le *Sénégal*, le *Niger* et l'*Orange*, à l'ouest; enfin le *Zambèze*, à l'est. — De grands lacs, découverts récemment dans l'intérieur de l'Afrique, servent de bassins intérieurs à des cours d'eau encore peu connus.

Iles. — Nous trouvons dans l'océan Atlantique : les îles *Madère*, au nord-ouest, les îles *Canaries*, au sud des précédentes; l'une d'elles, *Ténériffe*, qui est la plus grande, possède le fameux pic de Teyde, un des volcans les plus célèbres de l'ancien continent; les îles du cap *Vert*, au nombre de dix, l'archipel des *Bissagos*, à l'embouchure du Rio-Grande; les îles *Fernando-Po*, du *Prince*, *Saint-Thomas* et *Annobom*, au sud du golfe de Guinée; l'île de l'*Ascension*, l'île *Sainte-Hélène*, à jamais célèbre par la captivité de Napoléon. — Dans la mer des Indes : les îles *Mascareignes*, parmi lesquelles on distingue l'île *Maurice* ou île de *France*, et l'île *Bourbon* ; *Madagascar*, une des plus grandes et des plus fertiles îles du monde, les îles *Comores*, dont la plus intéressante pour nous est *Mayotte*, où nous avons un établissement ; les îles *Seychelles*, au nombre de trente et une, et les îles *Amirantes*, au nombre de douze ; l'île *Zanzibar*, sur la côte de Zanguebar ; *Socotora*, située à l'est du cap Guardafui.

Divisions politiques. — Nous allons les donner en suivant généralement le cadre indiqué par les versants :

I. — MAROC.

Le Maroc est limité, à l'ouest et au nord, par l'océan Atlantique; à l'est, par l'Algérie, et au sud, par le Sahara. — Sa population est évaluée à 8,500,000 hab. — Sa capitale est *Maroc*, et ses villes principales *Fez* et *Tanger*. — Son gouvernement est une monarchie absolue.

L'Ouad-Noun et le Sidi-Hecham forment au sud-ouest du Maroc deux petits États indépendants.

II. — ALGÉRIE.

L'Algérie, qui appartient aujourd'hui à la France, est limitée, au nord, par la Méditerranée ; à l'est, par l'État de Tunis; au sud, par le Sahara, et, à l'ouest, par le Maroc. Sa superficie est d'environ 390,000 kilom. carrés, et sa population de 2,880,000 hab. — On la divise en trois provinces, qui portent le nom de leurs chefs-lieux, savoir : celle d'*Oran*, à l'ouest; celle d'*Alger*, au centre, et celle de Constantine à l'est. — *Alger* est la capitale de la colonie.

III. — TUNIS.

Cet État, situé à l'est de l'Algérie, est limité au nord et à l'est par la Méditerranée; au sud-est, par l'État de Tripoli, et, au sud, par le Sahara. Il forme un beylick héréditaire sous la suzeraineté de la Turquie. — Sa population est de 1,200,000 hab.; sa capitale est *Tunis*.

IV. — TRIPOLI.

Cette régence, aujourd'hui rentrée sous la domination du sultan, confine au beylick de Tunis, et s'étend à l'est sur le golfe de la Sidre, et au sud jusqu'au tropique du Cancer. — Sa population est de 900,000 hab. environ. — On la divise en pays de BARCAH ou CYRÉNAÏQUE, FEZZAN, royaume de TRIPOLI, et oasis de GUADAMÈS.— Sa capitale est *Tripoli*.

V. — ÉGYPTE ET NUBIE.

L'Égypte, qui forme un pachalick héréditaire sous la suzeraineté du sultan de Constantinople, s'étend dans la vallée du Nil jusqu'à l'Abyssinie au sud, et le Darfour, au sud-ouest. — Elle comprend aujourd'hui la NUBIE, le SENNAAR et le KORDOFAN. — Sa population est de 5,550,000 hab.; ses principales villes sont : le *Caire* et *Alexandrie*.

VI. — ABYSSINIE.

L'Abyssinie, au sud de l'Égypte, forme aujourd'hui trois États, savoir : le TIGRÉ, au nord-est; l'AMHARA, au centre, et le CHOA, au sud. — Ses principales villes sont : *Gondar*, *Angobar* et *Adoua*. — Sa population est évaluée à 4,000,000 d'habitants.

VII. — SAHARA.

Sous ce nom est comprise une vaste région qui est limitée, au nord, par le versant méridional de l'Atlas; à l'est, par l'Égypte; au sud, par le Soudan et la Sénégambie, et à l'ouest par l'océan Atlantique. Longtemps elle fut regardée comme déserte : on sait aujourd'hui qu'elle renferme des oasis et des États appartenant à deux races différentes : à l'ouest sont les *Touaregs*, que l'on évalue à 1 million d'individus; à l'est, les *Tibbous*, que l'on ne suppose pas être plus de 150,000.

VIII. — SÉNÉGAMBIE.

La Sénégambie, qui comprend la région arrosée par le Sénégal et la Gambie, est occupée par plusieurs États dans lesquels la France, l'Angleterre et le Portugal ont formé des établissements. — Les États indigènes sont sous la domination des *Feuls* ou *Foulahs*, des *Mandingues* et des *Yolofs*.

IX. — SOUDAN ET TAKROUR.

Cette région comprend les pays arrosés par le cours supérieur du Niger et par les tributaires du lac Tchad. — Parmi les premiers nous distinguons le BAMBARRA, divisé en royaume de *Sego* et de *Djenny;* le royaume de TOMBOUCTOU; le SONRAI; le HAOUSSA, divisé en deux parties, dont l'une, à l'ouest, comprend le *Zamfara*, l'*Yacri*, le *Noufé*, le *Yarribah*, le *Borgou* et le *Gourma;* l'autre, à l'est, comprend le *Kachenah*, le *Zegzeg*, le *Katagoum* et le *Damergou*. — Tous ces États semblent être sous la domination des *Fellatahs*, que l'on croit de la même race que les Feuls ou Foulahs de la Sénégambie, et qui ne se sont élevés au rang qu'ils occupent qu'à la fin du siècle dernier. — Au sud de ces États nous en trouvons deux autres qui appartiennent peut être à la même domination, le FOUNDA et l'ADAMOWA, placés sur les rives de la Tchadda, affluent de gauche du Niger.

Dans le bassin du lac Tchad se trouve le grand empire de BOURNOU, en relations continuelles avec Tripoli et l'Égypte; le OUADAY et le DARFOUR, à l'est, sont indépendants du Bournou, et ont comme lui de fréquents rapports avec les États baignés par la Méditerranée.

X. — GUINÉE.

La Guinée comprend les côtes de l'océan Atlantique, depuis la Sénégambie jusqu'au Congo : on la divise en SEPTENTRIONALE et en MÉRIDIONALE. — La première, qui s'arrête aux embouchures du Niger, comprend de nombreuses colonies fondées par les Européens ou les Américains, dans un but philanthropique. — Nous citerons celle de SIERRA-LEONE, qui a *Freetown* pour capitale, et celle de LIBERIA, dont la capitale est *Monrovia*. — Au sud du cap des Palmes, les *Achantis* possèdent un vaste empire, avec *Coumassie* pour capitale; puis viennent les royaumes de DAHOMEY, dont *Abomey* est la capitale, et de BÉNIN, avec une capitale du même nom.

La Guinée méridionale, non moins peuplée peut-être que la précédente, mais moins connue, ne nous offre à mentionner que des comptoirs européens.

XI. — CONGO.

Sous ce nom général on désigne les États compris entre le cap Lopez et le cap Negro : on y distingue le LOANGO, qui va du cap Lopez au Zaïre ; puis le CONGO, l'ANGOLA et le BENGUELA. Toutes ces contrées, mais surtout les deux dernières, sont sous la domination des Portugais, qui y possèdent des villes d'une certaine importance, *Saint-Paul de Loanda* et *Philippe de Benguela.*

XII. — CIMBEBASIE-HOTTENTOTIE.

Depuis le cap Negro, la côte inhospitalière n'offre que de misérables peuplades ; celle des *Cimbebas* a donné son nom à une partie du littoral ; les *Damaras* occupent la partie centrale et les *Namaquas* le sud : ces deux derniers peuples appartiennent à la famille des *Hottentots,* et s'étendent au delà du fleuve Orange.

XIII. — COLONIE DU CAP.

Cette célèbre colonie occupe toute la partie la plus méridionale de l'Afrique ; son chef-lieu est le *Cap* ou *Cape-Town.* — Elle appartient aux Anglais et jouit d'un gouvernement particulier. — Dans la colonie du Cap est compris l'ancien État de NATAL.

XIV. — CAFRERIE.

Sous ce nom l'on désigne moins un État qu'une contrée peuplée par un peuple appelé *Cafre,* et dont les tribus paraissent s'étendre plus particulièrement au nord de la colonie du Cap jusqu'à la baie de Lagoa.

XV. — MOZAMBIQUE.

De la baie de Lagoa jusqu'au cap Delgado, on désigne la côte sous le nom de côte de *Mozambique* ; les Portugais en affectent la

souveraineté, et tout donne lieu de croire qu'ils communiquent par
l'intérieur avec leurs possessions de la côte occidentale.

XVI. — ZANGUEBAR.

Cette côte, mal connue, ne nous offre à noter que l'île de ZAN-
ZIBAR, qui est le siége de la puissance du sultan de Mascate, en
Arabie, dont l'autorité s'étend sur toute cette région.

Au-dessus de la côte de Zanguebar s'étendent des régions presque
désertes et d'un abord difficile, connues sous le nom de côte
d'AJAN. — Au delà du cap Guardafui, et jusqu'au détroit de Bab-
el-Mandeb, la côte, moins inhospitalière, nous présente le port de
Zeilah, qui sert de débouché aux produits de l'Abyssinie, et dé-
pend de l'État de HARAR, dont la capitale ADAR est au sud du CHOA.

XVII. — ILES DE L'AFRIQUE.

A l'Afrique se rattachent de nombreux groupes d'îles qui presque
tous appartiennent aux puissances européennes : les principaux
sont : à l'ouest, les îles *Madère*, qui appartiennent au Portugal;
les îles *Canaries*, aux Espagnols; les îles du *Cap-Vert*, au Portugal; *Fernando-Po*, *Sainte-Hélène*, aux Anglais. — A l'est, dans
l'océan Indien, la grande île de *Madagascar*, qui est habitée par
des peuples indépendants; les *Mascareignes*, où la France possède
l'île de la *Réunion*, mais où l'Angleterre domine par l'île *Maurice*; les *Comores*, appartenant à des princes arabes, à l'exception
de *Mayotte*, où la France a une excellente colonie. — Les *Seychelles*, *Socotora*, aux Anglais.

AMÉRIQUE

Situation et limites. — Mers, golfes, presqu'îles et caps. — Chaînes de montagnes. — Volcans. — Fleuves. — Grandes îles. — Contrées.

SITUATION ET LIMITES. — L'Amérique ou nouveau continent se compose de deux presqu'îles réunies par un isthme, et portant, à cause de leur situation relative, les noms d'*Amérique du Nord* et d'*Amérique du Sud* : elles sont comprises entre 75° latitude nord, et 54° latitude sud, et entre 56° et 170° de longitude occidentale. — Ses limites sont, au nord, l'océan *Glacial arctique*, au sud et à l'est l'océan *Atlantique*, et à l'ouest le détroit de *Behring* et le *Grand Océan*. — Sa superficie, y compris les îles, est de 38,000,000 de kil. carrés, et sa population de 55,000,000 d'habitants.

GOLFES et presqu'îles. — L'Océan Atlantique creuse le golfe *Saint-Laurent* entre le continent et le groupe des îles de Terre-Neuve; le golfe du *Mexique* entre les côtes des États-Unis et du Mexique; — le grand Océan creuse le golfe de *Panama*, au nord-ouest de l'Amérique du Sud; le golfe de *Californie* entre l'État de ce nom et le Mexique.

Les presqu'îles sont très-nombreuses, surtout au nord, les principales sont : le *Labrador* et la *Nouvelle-Écosse*, au nord-est; la *Floride*, au sud-ouest de l'Amérique du Nord; l'*Yucatan* et le *Guatemala*, reliés à l'Amérique du Nord par l'isthme de *Tehuantepec*, et à l'Amérique du Sud par l'isthme de *Panama*; la *Vieille-*

---

[*] Voir l'*Amérique du nord* et l'*Amérique du sud* dans l'atlas Babinet.

Californie, à l'ouest de l'Amérique du Nord; la presqu'île de *Kenaitskaia* et celle d'*Alaska*, au nord-ouest de l'Amérique du Nord; enfin la presqu'île de *Melville*, dans l'océan Glacial du Nord.

Caps. — Les principaux caps sont : sur l'océan Glacial, en allant de l'ouest à l'est, les caps du *Prince de Galles, Barrow, Bathurst, Vostenholm* et *Chindley;* — sur l'océan Atlantique, le cap *Farewell*, à la pointe sud du Groënland; le cap *Saint-Georges*, à l'est du Labrador; le cap *Sable*, à l'extrémité de la Floride; le cap *Catoche*, au nord-est du Yucatan; le cap *Saint-Roch* et le cap *Frio*, sur la côte du Brésil; le cap *Corrientes*, sur la côte de la Plata; le cap *Froward*, à l'extrémité sud de la Patagonie, et le cap *Horn*, au sud-est de l'île de ce nom; — sur le Grand Océan, le cap *Blanc*, dans l'Amérique du Sud; le cap *Saint-Lucas*, à la pointe de la Vieille-Californie; le cap *Mendocino*, sur la côte de la Californie.

Chaînes de montagnes. — Le système orographique de l'Amérique paraît se relier par une chaîne sous-marine à celui de l'ancien continent : il commence, au cap du Prince de Galles, et présente du nord au sud une grande chaîne comprenant les montagnes *Rocheuses*, la *Sierra-Verde*, la *Sierra-Madre* et les *Andes*.

Nous trouvons en outre quelques chaînes isolées : dans l'Amérique du Nord, à l'est, la chaîne des *Alléghanys*. Dans l'Amérique du Sud, la chaîne du *Brésil*.

Volcans. — Les principaux volcans de l'Amérique sont : dans les Andes du Chili, le *Maypo;* dans les Andes du Pérou, les volcans d'*Arequipa*, de *Pichincha*, de *Cotopaxi* et d'*Antisana;* dans la Cordillère de Guatemala, les volcans d'*Agua* et de *Fuego;* dans la Cordillère de Mexico, ceux de *Popocatepek* et d'*Orizaba;* dans les îles Aléoutiennes, celui de l'île de *Tanaga;* en Islande, l'*Hécla*.

Versants; fleuves. —L'Amérique nous présente trois versants : l'un, à peine marqué, porte à l'océan Glacial : le *Mackensie*, qui sort des montagnes Rocheuses et le *Nelson*.

Les deux autres, très-distincts, donnent à l'océan Atlantique : le *Saint-Laurent*, le *Mississipi*, le *Rio-Grande del Norte*, le *Magdalena*, l'*Orénoque*, le *Marañon*, ou rivière des *Amazones*, le plus grand cours d'eau du monde : le *Rio de la Plata*, au Grand Océan : le *Rio Colorado*, la *Colombia* ou *Orégon*.

L'Amérique du Nord compte un très-grand nombre de lacs : nous citerons ceux du *Grand-Ours*, de l'*Esclave*, de *Ouinipeg*; les lacs *Supérieur*, *Michigan*, *Huron*, *Érié*, qui s'étendent du nord au sud-est de la Nouvelle-Bretagne; le grand lac *Salé*, à l'ouest de la chaîne des montagnes Rocheuses. — Dans l'Amérique du Sud, on remarque le lac *Titicaca*.

Iles. — A l'Amérique se rattachent un grand nombre d'îles que nous énumérerons à la suite des divisions politiques.

Divisions politiques. — L'Amérique, dont les divisions politiques se modifient continuellement, comprend en ce moment :

I. — NOUVELLE-BRETAGNE.

La Nouvelle-Bretagne, située au nord de l'Amérique septentrionale, est bornée, au nord, par l'*océan Glacial arctique*, qui la sépare des terres polaires; à l'est, par l'*océan Atlantique;* au sud, par les *États-Unis;* et, à l'ouest, par le *grand Océan* et l'*Amérique russe*. Sa superficie est évaluée à 8,000,000 de kil. carrés.

Elle appartient à l'Angleterre, et se subdivise en six gouvernements :

1° Territoires de la Compagnie de la baie d'Hudson, qui se composent de tout le pays au nord et à l'ouest du Canada, y compris les îles voisines des côtes. Population : 12,000 individus de race blanche et 200,000 Indiens;

2° Canada, au sud des précédents, formant un gouvernement indépendant pour l'administration intérieure, et comptant 1,842,000 habitants. La capitale est *Ottawa*, et les villes principales *Quebec*, *Montréal* et *Toronto*.

3° Nouveau Brunswick, entre le golfe Saint-Laurent et le golfe de Fundy; capitale : *Fredericktown;*

4° Nouvelle-Écosse, qui, avec l'île du Cap-Bon, forme un gouvernement particulier et compte 516,000 habitants. Sa capitale est *Halifax;*

5° Ile du Prince-Edouard, dans le golfe Saint-Laurent; population : 65,000 habitants; capitale : *Charlotte-Town;*

6° Ile de Terre-Neuve (New-Foundland), qui ferme le golfe de Saint-Laurent, forme un gouvernement s'étendant sur la côte orientale du Labrador; sa population est de 101,600 habitants, et sa capitale *Saint-Jean*. On y rattache les îles *Bermudes*, situées à l'est des États-Unis.

II. — AMÉRIQUE RUSSE.

La Russie possède, au nord-ouest de la Nouvelle-Bretagne, un vaste territoire qui commence à l'extrémité méridionale de l'archipel du Prince-de-Galles, et qui est limité à l'intérieur par une ligne suivant la côte jusqu'au mont Saint-Élie, d'où elle fléchit un peu à l'est pour aboutir sur l'Océan glacial, à l'ouest de l'île Herschell. — On y joint administrativement les îles *Aléoutiennes* et les archipels de *George III*, de l'*Amirauté*, du *Duc-d'York*, etc. — Ces possessions ont une superficie totale de 1,498,500 kilom. carrés environ, et ne comptent que 54,000 habitants. — Le chef-lieu est la *Nouvelle-Arkhangel*, dans l'île de Sitka dans l'archipel de George III.

III. — ÉTATS-UNIS.

Situation et limites. — La république fédérative des États-Unis, appelée l'*Union*, a pour limites, au nord, une ligne conventionnelle tirée à la hauteur de l'extrémité sud de l'île *Vancouver*, et suivant les bords méridionaux des lacs *Supérieur*, *Michigan*, *Huron*, *Erié*, *Ontario* pour arriver au *Saint-Laurent*, d'où elle se sépare pour courir au nord-est et aboutir au golfe de *Fondy*; à l'est, elle est bornée par l'*océan Atlantique*, depuis le golfe de Fondy jusqu'à l'embouchure du Rio del Norte; au sud, par le *Rio del Norte*, jusqu'à la hauteur du 32° de latitude, puis par une ligne courbe qui rejoint le *rio Gila* et le suit jusqu'au *rio Colorado*, qu'elle traverse, pour finir à San Diego; à l'ouest, enfin, par le *grand Océan*, depuis San Diego jusqu'à la baie de *Funca*. — Le territoire circonscrit par ces limites a une superficie de 7,441,610 kilom. carrés, et une population de 27,602,000 habitants.

La Confédération des États-Unis comprend 34 États souverains, 1 district fédéral, qui renferme la capitale, et 9 territoires administrés par des délégués du gouvernement fédéral. Chaque État se gouverne lui-même; mais la décision des affaires d'intérêt général est remise à deux assemblées électives, dont l'ensemble forme le Congrès : un président élu pour 4 ans exerce le pouvoir exécutif.

La capitale de la confédération est *Washington*.

IV. — MEXIQUE.

Situation et limites. — Le Mexique a pour limites, au nord, les *États-Unis* ; à l'est, ces mêmes États, le *golfe du Mexique* et la *mer des Antilles* ; au sud, *Guatemala* et le *grand Océan* ; à l'ouest, le *grand Océan*. — Sa superficie est de 2,217,270 kilom. carrés et sa population de 7,485, 000 hab.

Le Mexique, qui forme aujourd'hui une république fédérative, est divisé en 24 États et 1 district fédéral.

La capitale est *Mexico*.

V. — AMÉRIQUE CENTRALE.

Sous le nom d'Amérique centrale, on désigne les six républiques de Guatemala, Honduras, San-Salvador, Nicaragua, Costa-Rica et Haïti ; elles occupent le centre de la presqu'île qui unit les deux Amériques et s'étendent de 8° à 17° de latitude septentrionale : elles ont pour limites, au nord, le *Mexique* et le golfe de *Honduras* ; à l'est, la mer des *Antilles* ; au sud, la république de *Panama*, et, à l'ouest, le *grand Océan*.

Guatemala. — Le Guatemala, le plus septentrional des États confédérés, s'étend sur les deux Océans. Il est limité des deux autres côtés par le Mexique et par les républiques de Honduras et de San-Salvador. — Sa superficie est de 159,800 kilom. carrés ; sa population, de 970,000 habitants, et sa capitale *Guatemala*.

Honduras. — Le Honduras, placé presque tout entier sur la mer des Antilles, s'étend à l'ouest jusqu'au golfe de Fonseca. Sa superficie est de 115,000 kilomètres carrés ; sa population de 358,000 habitants. La capitale est *Comayagua*.

A l'est du Honduras se trouve le territoire des Indiens *Mosquitos*, limité, au nord, par la ligne du fleuve Vaux ou Ségovie, et, au sud, par le fleuve Negro. Ce territoire est sous la protection des Anglais.

San Salvador. — Cet État est limité par le Guatemala, le Honduras et le grand Océan. — Sa superficie est de 31,900 kilom. carrés, sa population de 594,000 h. ; et sa capitale *San-Salvador*.

Nicaragua. — Le Nicaragua est compris entre le Honduras, le territoire des Mosquitos, au nord; l'océan Atlantique, à l'est; le Costa-Rica, au sud; et le grand Océan, à l'ouest. — Sa superficie est de 102,000 kilom. carrés, et sa population de 260,000 h. — La capitale est *Léon*.

Costa-Rica. — Cet État, placé au sud du précédent, embrasse toute la largeur de l'isthme, et se trouve limité au sud par la Nouvelle-Grenade. — Sa superficie est de 96,000 kilom. carrés, et sa population de 215,000 hab. — Sa capitale est *San José*.

Haïti. — Cette île, la seconde des Antilles par l'étendue, est située entre 17° 43′ et 19°. 50′ de latitude, et entre 70° 45′ et 76° 55′ de longitude. Elle a *Cuba* à l'ouest et *Porto-Rico* à l'est. — Sa superficie est de 75,240 kilom. carrés.

On divise aujourd'hui cette île en deux parties distinctes au point de vue politique :

1° *République d'Haïti*. — Cet État, qui occupe la partie occidentale de l'île ou ancienne partie française, a une superficie de 30,690 kilom. carrés, et une population de 560,000 hab. Sa capitale est *Port-au-Prince*.

2° *République dominicaine*. — Cette république occupe l'ancienne partie espagnole. c'est-à-dire la partie orientale de l'île. Sa superficie est de 44,550 kilom. carrés, et sa population de 200,000 hab. Sa capitale est *San Domingo*.

VI. — NOUVELLE-GRENADE.

La Nouvelle-Grenade, qui occupe le centre de l'ancienne Colombie, est bornée, au nord, par la *mer des Antilles* ; à l'est, par une ligne conventionnelle qui part du golfe de Vénézuéla et la sépare du *Vénézuéla* et de la *Guyane*; au sud par la république de l'*Équateur*, et, à l'ouest, par le *grand Océan* et le *Costa-Rica*.— Sa superficie est évaluée à 1,000,000 de kil. carrés, et sa population à 2,363,000 hab. — La capitale est *Santa-Fé-de-Bogota*. — La forme du gouvernement est républicaine.

VII. — VÉNÉZUÉLA.

Le Vénézuéla, situé à l'est de la Nouvelle-Grenade, est borné, au nord, par la mer des *Antilles;* à l'est, par la *Guyane;* au sud, par le *Brésil,* et, à l'ouest, par la *Nouvelle-Grenade.* — Sa superficie est de 1,105,335 kilom. carrés, et sa population de 1,356,000 hab. — La capitale est *Caracas.* — Le gouvernement est républicain.

VIII. — ÉQUATEUR.

Cet État, qui doit son nom à sa position astronomique, est borné, au nord, par la *Nouvelle-Grenade;* à l'est, par le 73° méridien; au sud, par le *Maranon,* et, à l'ouest, par le *grand Océan.* — Sa superficie est évaluée à 758,155 kilom. carrés, et sa population de 665,000 hab. — La capitale est *Quito* et le gouvernement une république.

IX. — BOLIVIE.

La Bolivie ou Haut-Pérou, est bornée au nord par le *Pérou;* à l'est, par des déserts qui la séparent du Brésil; au sud, par le *Paraguay* et la *Plata,* et, à l'ouest, par le *grand Océan* et le *Pérou.* — Sa superficie est de 1,252,495 kil. carrés, et sa population, de 2,300,000 hab. La capitale est *Chuquisaca* et le gouvernement forme une république.

X. — PÉROU.

Le Pérou, a pour limites, au nord, la république de l'*Équateur;* à l'est, le *Brésil* et la *Bolivie;* au sud, la *Bolivie,* et, à l'ouest, le *grand Océan.* — Sa superficie est de 1,516,755 kilom. carrés, et sa population 2,106,000 hab. — Le territoire est divisé en 11 départements et 2 provinces. Le gouvernement est une république, et la capitale est *Lima.*

XI. — CHILI.

Le Chili est limité, au nord, par la *Bolivie;* à l'est, par les États du *Rio de la Plata;* au sud, par la *Patagonie* et l'archipel de

Chiloé, et, à l'ouest, par le *grand Océan*. — Sa superficie est de 364,925 kilom. carrés, et sa population de 1,439,000 hab.

Le Chili, qui, outre sa partie continentale, comprend les archipels de *Chiloé* et de *los Chonos*, se divise en 13 provinces. Son gouvernement est républicain et sa capitale est *Santiago*.

Au sud-est du Chili se trouve un peuple indigène qui a su rester indépendant : les Espagnols nous l'ont fait connaître sous le nom d'*Araucanos* (brigands); il se nomme lui-même *Aucas* (hommes libres) ou *Moluches* (guerriers).

XII. — ÉTATS DU RIO DE LA PLATA.

Situation et limites. — Cette vaste contrée, placée presque tout entière sur la rive droite du Paraguay et du Parana, affluents principaux de la Plata, a pour limites au nord, la *Bolivie;* à l'est, les républiques du *Paraguay* et de l'*Uruguay*, et l'océan *Atlantique;* au sud, le *rio Negro* et la *Patagonie;* et, à l'ouest, le *Chili* et la *Bolivie*. — Sa superficie est évaluée à 2,667,300 kilom. carrés.

Elle comprend la Confédération argentine et la République de Buenos-Ayres.

1° *Confédération argentine.* — Cette confédération comprend treize États dont la population est de 1,100,000 habitants, et la capitale *Parana*.

2° *Buenos-Ayres.* — Cet État, avec un territoire assez étendu, ne compte qu'une seule ville : *Buenos-Ayres*. Sa population totale est de 350,000 habitants.

XIII. — URUGUAY.

Situation et limites. — L'Uruguay est borné, au nord, par le *Brésil;* à l'est, par l'*océan Atlantique;* au sud, par le *rio de la Plata*, et, à l'ouest, par la *Confédération Argentine*. — Sa superficie est de 269,500 kil. carrés, et sa population 150,000 hab. Sa capitale est *Montevideo* et son gouvernement républicain.

Au sud de l'Uruguay, s'étend la contrée connue sous le nom de *Patagonie*, et dont la population, généralement hostile aux Européens, est évaluée à 150,000 individus.

XIV. — PARAGUAY.

Le Paraguay, situé entre 56° et 61° de longitude occidentale, et entre 20° et 28° de latitude australe, est limité, au nord, par la *Bolivie* et le *Brésil*; à l'est, par le *Brésil*; au sud, par la *République Argentine*, et, à l'ouest, par cette même république : sa superficie est de 2,200,000 kilom. carrés, et sa population de 1,200,000 hab. La capitale est l'*Assomption*, et le gouvernement républicain.

XV. — BRÉSIL.

Le Brésil est borné au nord, par la *Nouvelle-Grenade*, le *Vénézuela* et les *Guyanes*; à l'est, par l'*océan Atlantique*; au sud, par l'*Uruguay* et le *Paraguay*; et, à l'ouest, par la *Bolivie*, le *Pérou* et l'*Équateur*. — Sa superficie est évaluée à 8,119,520 kil. carrés, et sa population à 7,678,000 hab.

Le Brésil se divise en vingt provinces, et a pour capitale *Rio Janeiro*. Ses villes principales sont *Para*, *Fernambouc* et *San Salvador*. Son gouvernement est une monarchie constitutionnelle, dont le chef porte le titre d'Empereur.

XVI. — GUYANE.

Cette contrée, limitée au nord par la mer, au sud et à l'est par le Brésil, et à l'ouest par le Vénézuéla, appartient à trois peuples :

Guyane française. — Celle-ci, placée plus à l'est, compte 18,000 habitants, et a *Cayenne* pour capitale.

Guyane hollandaise. — Placée à l'ouest de la précédente, la Guyane hollandaise a pour capitale *Paramaribo*, et compte 60,000 habitants.

Guyane anglaise. — Celle-ci qui, comme presque toutes les colonies anglaises, a une administration indépendante, compte 110,000 habitants, et a *Stabrock* ou *George-Town* pour capitale.

XVII. — ILES DE L'AMÉRIQUE.

L'Amérique possède un grand nombre d'îles appartenant presque toutes à des puissances européennes; ce sont : dans l'océan Glacial, l'île de *Southampton*, à l'entrée de la baie d'Hudson ; les terres de *Cumberland* et de *Baffin*, aux Anglais ; le *Groënland* et l'*Islande* à l'est, aux Danois ; les terres *Victoria*, de *Boothia*, *Devon* et *Albert*, et les îles *Melville* et *Baring*, tout à fait au nord, aux Anglais. — Dans l'océan Atlantique, le groupe de *Terre-Neuve* et du cap *Breton*, à l'est du golfe Saint-Laurent, et les *Bermudes*, au sud des précédentes, aux Anglais ; les *Antilles*, qui forment la ceinture orientale du golfe du Mexique et de la mer des Antilles, et qui comprennent l'île d'Haïti, déjà décrite ; *Cuba* et *Porto-Rico*, aux Espagnols ; les *Lucayes*, la *Jamaïque*, la *Barbade*, les *Grena-dines*, *Tabago*, la *Trinité*, etc., aux Anglais ; la *Martinique*, la *Guadeloupe*, etc., aux Français ; *Saint-Thomas*, *Sainte-Croix*, *Saint-Jean*, aux Danois ; *Saint-Martin*, *Saint-Eustache*, *Cura-çao*, etc., aux Hollandais ; *Saint-Barthélemy*, aux Suédois ; — les îles *Malouines*, au sud-est de l'Amérique méridionale, aux Anglais, et la terre de *Feu*, à la pointe extrême de cette même péninsule. — Dans le Grand Océan, les îles de l'archipel de la *Mère-de-Dieu*, à l'ouest de la Patagonie ; les îles *Gallapagos*, sous la ligne équi-noxiale, et les îles *Aléoutiennes*, qui forment la limite méridio-nale de la mer de Behring, aux Russes.

OCÉANIE

DESCRIPTION PHYSIQUE ET POLITIQUE [*].

Situation et limites. — Mers. — Montagnes, volcans. — Fleuves, lacs. —
Ses divisions politiques.

Cette cinquième partie du monde, tout insulaire, a ses limites marquées : *à l'ouest*, par une ligne qui, partant des îles Andaman, vers le point d'intersection du 15e parallèle au nord de l'équateur, et du 90e méridien-est de Paris, descendrait au sud jusqu'au 55e degré de latitude ; — *au nord*, par le détroit de Malacca, la mer de Chine, les îles du Japon, et une ligne qui suivrait le 40e parallèle jusqu'à son intersection avec le 145e méridien ; — *à l'est* par l'Amérique, et *au sud* par une ligne qui suivrait le 55e degré de latitude australe.

L'Océan prend des noms différents, suivant les groupes d'îles qu'il baigne : mer de *Célèbes*, entre les Philippines, Bornéo et Célèbes ; mer de *Java*, au nord de l'île de ce nom ; mer de *Bali*, entre l'île de ce nom et Java, etc.

Cette partie du monde offre un grand nombre de caps : cap *Bangui*, au nord de Luçon ; cap *Tanjong Seletan*, au sud de Bornéo ; cap *Koffin*, au nord de Célèbes ; caps *York*, *Granville*, *Flattery*, *Sandy*, *d'Entrecasteaux*, *Leeuwin*, *Cuvier*, etc., sur les côtes de l'Australie ; caps *Grimm* et *Sud*, sur celles de la Tasmanie.

Montagnes. — Les principales sont : dans l'île de Sumatra, le *Gounong-Kossumbra*, le *Gounong-Passaman* ou mont *Ophir* et le *Gounong-Banko* ; — dans l'île de Java, les montagnes *Bleues* ; — dans l'île Bornéo, les monts *Cristallins* ; — dans l'île de Cé-

___

[*] Voir l'*Océanie* dans l'atlas Babinet.

lèbes, le mont *Lumpo-Batan;* — dans l'Australie, les chaînes de montagnes déjà connues longent les côtes et paraissent former, par un de leurs versants, un grand bassin intérieur.

VOLCANS. — Les volcans sont fort nombreux dans cette partie du monde, et surtout dans les deux premières de ses divisions; nous citerons le *Gounong-ber-Api,* le *Gounong-Dembo,* le *Gounong-Ayer-Raya* et le *Gounong-Tallang,* dans l'île de Sumatra; le *Salak,* le *Gounong-Gontour,* le *Kiamis,* le *Galong-Goung,* l'*Arjouna* et l'*Idjen,* dans l'île de Java; le *Taal,* l'*Arringuay,* et le *Mayon,* dans les Philippines.

FLEUVES. — L'Océanie, n'ayant que des îles, ne peut nous offrir des fleuves comparables à ceux des deux autres continents; les principaux sont, dans Sumatra, le *Sinkel,* qui se jette dans l'océan Indien; le *Siak,* l'*Indragiri* et la *Toulang,* qui appartiennent au versant oriental; dans l'île de Java, le *Solo;* dans l'île de Bornéo, le *Kappouas* ou *Kapnus,* et le *Varouni;* dans l'Australie, le *Murray,* dont le principal affluent est le *Darling.*

LACS. — Parmi les lacs, nous citerons, dans l'île de Bornéo, le *Kini-Ballou* et le *Danao-Malayou;* dans l'île de Luçon, la *Laguna,* sur la côte occidentale; dans l'Australie, le lac *Torrens.*

DIVISIONS POLITIQUES. — On divise l'Océanie en trois parties :

1° La MALAISIE, située au nord-ouest, tire son nom de l'origine malaise de sa population : elle comprend les *Philippines,* les îles de la *Sonde,* les *Célèbes,* les *Moluques;*

2° La MÉLANÉSIE, dont la population est noire, se compose de l'*Australie* ou *Nouvelle-Hollande,* que l'on dit égale aux trois quarts de l'Europe, de la *Nouvelle-Guinée,* des îles *Salomon,* etc.;

3° Enfin la POLYNÉSIE qui embrasse toute la partie orientale de l'Océanie, comprend, au nord, les îles *Bonin-Sima,* les îles *Mariannes,* les *Carolines,* les îles *Marshal,* les îles *Hawaï* ou *Sandwich;* au centre, les îles *Gibert, Nouka-Hiva, Pomotou* et *Taïti;* au sud, le groupe de la *Nouvelle-Zélande.*

L'Océanie appartient presque entièrement aux Européens. Nous allons étudier les trois parties, sous le titre de ses possesseurs.

I. — MALAISIE.

1° POSSESSIONS HOLLANDAISES. — Ces possessions embrassent :

presque tout l'archipel de la Sonde, dont les îles principales sont *Java* et *Sumatra;* le groupe de *Sumbava-Timor,* situé à l'est de Java et entre l'Australie, la mer de Java et la mer de Banda; *Bornéo* et les petites îles voisines; *Célèbes, Sanghir,* etc.; enfin les *Moluques* ou *Iles aux Épices.*

Les possessions hollandaises ont environ 1,500,000 kilom. carrés de superficie et 20,000,000 d'habitants. Elles sont divisées en *provinces* et sont administrées par un gouverneur général. La capitale est *Batavia,* dans l'île de Java.

2° Possessions espagnoles. — Les Espagnols possèdent au nord de Bornéo et à l'est de la mer de Chine, le groupe des *Philippines,* dont le territoire soumis présente une superficie de 137,500 kilom. carrés et une population de 5,816,000 hab. — La capitale est *Manille,* dans l'île de Luçon.

3° Possessions portugaises. — Ces possessions ne comprennent qu'une partie de l'île de *Timor,* et l'île de *Solor* tout entière. — La population de ces possessions est de 918,000 hab.

4° Possessions anglaises. — Les Anglais se sont emparés, sur la côte nord-ouest de Bornéo, de la petite île de *Labouan,* fort importante par ses mines de houille.

États indigènes. — Dans l'île de Sumatra, le royaume d'*Achem,* qui s'étend au nord de Sumatra, compte 2,000,000 d'habitants, tous mahométans, et est gouverné par un sultan absolu et héréditaire. — Le *royaume de Siak* et le *pays des Battas,* situés au sud du précédent, sont limitrophes du territoire possédé par les Hollandais, et comptent, dit-on, 2,000,000 d'habitants. — Dans l'île de Bornéo, le royaume de *Varouni* ou de *Bornéo,* sur la côte septentrionale, avec une capitale du même nom; les royaumes de *Passir* et de *Kotti,* sur la côte orientale. — Dans les Philippines, la partie méridionale de l'île de Mindanao est occupée par des princes indépendants.

II. — MÉLANÉSIE.

Possessions de l'Angleterre. — L'Angleterre y possède l'*Australie,* petit continent dont la superficie est de 775,000 kilom. carrés, et dont la population indigène est évaluée à 500,000 hab.; — la *Tasmanie,* ou terre de *Van Diémen,* au sud de la précédente, compte 70,000 h., et l'île de *Norfolk,* à l'est de l'Australie.

Possessions de la Hollande. — La Hollande possède la partie occidentale de la *Nouvelle-Guinée*.

Possessions de la France. — La France possède la *Nouvelle-Calédonie*, riche en mines de houille, et les petites îles voisines.

États indigènes. — Ces États comprennent presque toute la *Nouvelle-Guinée*, les *Nouvelles-Hébrides* et les *îles Salomon* : leur population paraît appartenir à deux races principales, celle des *Papous* et celle des *Endamènes* ou *Alfouroas*.

III — POLYNÉSIE.

Possessions espagnoles. — Les *îles Mariannes* ou des *Larrons*, au nombre de 17 ou 18, appartiennent à la capitainerie générale des *Philippines*.

Possessions françaises. — La France possède les *îles Marquises* ou de *Nouka-Hiva*, et a établi son protectorat sur les *îles Taïti* et sur quelques-unes de l'archipel des *Pomotou*.

Possessions anglaises. — L'Angleterre possède la *Nouvelle-Zélande*, dont la population indigène est évaluée à 100,000 individus, et la population européenne, 27,000 individus. Un gouverneur général, assisté d'un conseil législatif et d'une chambre de représentants, dirige l'administration de cette colonie.

États indigènes. — Les indigènes de la Polynésie sont, comme on le voit, presque partout indépendants; mais la constitution aristocratique de leurs mœurs les a empêchés de former des États d'une certaine étendue : nous ne trouvons qu'un royaume, celui des *îles Sandwich* ou *Hawaï*, situées tout à fait au nord. La population est de 71,000 habit.; la capitale est *Hono-Loulou* ou *Onorourou*, dans l'île Woahou. Le gouvernement est une monarchie constitutionnelle.

OBSERVATIONS GÉNÉRALES

SUR LE GLOBE.

Différents climats. — Distribution géographique des minéraux, des végétaux et des animaux sur le globe. — De l'homme : races et religions.

§ 1. **Climats.**

Par le nom de *climat* on désigne le degré de chaleur, de froid, de sécheresse, d'humidité et de salubrité particulière à chaque contrée, ainsi que le caractère des saisons de chaque localité. — Déjà, dans les notions préliminaires, nous avons indiqué sur le globe terrestre l'existence de cinq zones, savoir : la *zone torride* entre les deux tropiques ; deux *zones tempérées*, l'une *boréale*, l'autre *australe*, entre les tropiques et les cercles polaires ; et enfin deux *zones glaciales* qui enveloppent les deux pôles.

Ces *zones* devraient marquer les divisions climatériques ; mais diverses causes, dont nous n'indiquerons que les principales, viennent les modifier et quelquefois les changer entièrement.

1° L'atmosphère qui enveloppe la terre s'échauffe en raison directe de sa densité ; or, cette densité étant plus grande dans les couches inférieures, il suit de là que sous une même latitude la chaleur varie suivant le plus ou le moins d'élévation de la région : dans l'Asie centrale par exemple, le Thibet offre ses montagnes de neiges à quelques journées de marche seulement des plaines brûlantes du Bengale.

2° La composition géologique de la surface terrestre est une seconde cause de variation dans la température : en effet tous les terrains ne s'échauffent pas avec la même facilité, tous ne conservent pas la chaleur acquise avec la même persistance. Les exhalaisons qui s'en échappent sont par cela même très-diverses et ne modifient pas également l'atmosphère : ainsi les terrains argileux ou marécageux, les terrains sablonneux imprégnés d'humidité, refroidissent l'air, tandis que les sables secs l'échauffent considérablement. C'est l'existence de ces causes qui explique le grand froid et l'insalubrité qui règnent en Russie dans les gouvernements d'Orembourg et d'Astrakhan, contrée de steppes dont le sol est de nature saline ; c'est par elles qu'on comprend l'élévation de la température jusqu'à 60 degrés dans cette région sablonneuse et sèche qui, dans l'ancien continent, s'étend de l'extrémité occidentale du Sahara, en Afrique, jusqu'à l'extrémité du désert de Gobi, en Asie ; c'est encore elle qui nous dit pourquoi la Hollande, sous le 52ᵉ parallèle, a des hivers plus rigoureux que le Danemark sous le 55ᵉ.

3° Les vents dominants surtout modifient la température d'une contrée ; or, comme en raison de la loi qui régit tous les fluides, l'équilibre de l'atmosphère tend toujours à s'établir, on doit comprendre que les causes générales produisent nécessairement, pour chaque région, des vents particuliers dont l'action modifie incessamment le froid, le chaud, le sec et l'humide de son climat géographique.

4° L'exposition d'un pays, sa division en pentes plus ou moins perpendiculaires ou obliques par rapport aux rayons solaires, créent des variations infinies dans son climat : ainsi, dans le Valais, les Alpes présentent, sur un versant, de riches cultures, et, sur l'autre, elles n'ont que des neiges et des glaces. — Il faut noter aussi qu'une exposition occidentale est toujours plus chaude que l'exposition orientale correspondante : en effet le soleil qui, le matin, frappe les parties exposées au levant, y rencontre comme obstacle l'air froid produit par la nuit, son action est donc en partie détruite. Puis ses rayons deviennent de plus en plus obliques et se dirigent vers l'ouest, où l'atmosphère, déjà modifiée par la communication de la chaleur des masses voisines, est toute prête à subir leur action.

5° Le voisinage de la mer tempère le froid et le chaud, et l'on a remarqué que le climat des îles est toujours moins froid que celui de l'intérieur des continents placés sous la même latitude; il est aussi moins chaud l'été.

Nous ne terminerons pas cet aperçu sans dire quelques mots sur les caractères généraux des saisons dans les cinq zones que nous avons rappelées plus haut :

La *zone torride* présente deux saisons : l'une sèche, l'autre pluvieuse ; la première a lieu pour les parties au nord de la ligne quand le soleil est dans la région méridionale, et réciproquement. D'où il résulte que les saisons terrestres sont précisément en opposition avec celles que le soleil semblerait devoir déterminer. Cela tient à ce que le soleil, raréfiant l'air de la région où il darde ses rayons perpendiculaires, détruit l'équilibre de l'atmosphère et soulève les couches d'air qui se dilatent encore plus en s'élevant et se refroidissent de même : alors les vapeurs en excès se condensent et produisent des pluies qui durent aussi longtemps que le soleil séjourne dans cette partie de la zone.

Les *zones tempérées* présentent quatre saisons qui sont surtout bien déterminées depuis le 40e degré jusqu'au 60e.

Dans les *zones glaciales*, c'est-à-dire au delà du 60e degré, on ne connaît en général que deux saisons qui se succèdent brusquement.

§ 2. De la distribution géographique des minéraux, des végétaux et des animaux sur le globe.

MINÉRAUX

Si la formation de la surface terrestre eût été uniforme, la géographie n'aurait pas à noter les points divers qu'occupent les minéraux ; partout ils se rencontreraient à une même profondeur mais mille causes ont accidenté et accidentent encore la nature de cette surface et donnent à certaines contrées des éléments de richesse qu'elles semblent refuser à d'autres. La géologie nous apprend, en effet, que des soulèvements et des affaissements ont dérangé de leurs positions primitives la plupart des couches qui constituaient la croûte de la masse terrestre ; que, d'une part, les parties *relevées* se sont montrées à la surface et ont laissé apparaître les *gneiss*, les *micaschistes*, etc. ; et que, d'autre part, les parties *non relevées* ou *affaissées* se sont recouvertes de dépôts formés au sein des eaux, c'est-à-dire de *grès*, de *schistes*, d'*argiles*, de *calcaires*, etc.

Aujourd'hui encore, sous nos yeux, des tremblements de terre, des volcans rompent les couches supérieures ; des masses solides et des matières en fusion (coulées de laves) surgissent à la surface du sol ; quelquefois des plissements de terrains dressent leurs montagnes ; ailleurs des îles sortent du sein de l'Océan, etc. Bien d'autres causes agissent encore, mais nous n'avons pas à les faire connaître : il doit nous suffire d'indiquer les parties du monde où l'homme a su arracher à la nature des richesses qu'elle garde enfouies loin de son regard dans certaines autres. Notre abrégé ne donnera que les exploitations tout à la fois particulières et d'une grande importance.

L'EUROPE, habitée par une population énergique, a été plus sérieusement fouillée que les autres parties du monde et nous présente une plus grande quantité de matières exploitées.

La *Russie* a des granites, du fer, du cuivre, du zinc et de l'argent ; — la *Suède*, du fer, du cuivre et de l'argent ; — la *Prusse*, de la houille, des agates, du fer et du plomb ; — l'*Autriche* et la *Confédération germanique*, des trachytes, de la tourbe, du sel gemme, du graphite, de la magnésie sulfatée, des topazes, du fer, du cuivre, du plomb, de l'étain, du zinc, de l'argent et de l'antimoine ; — la *Hollande*, de la tourbe ; — la *Belgique*, des porphyres, de la houille, du fer, du plomb, du zinc ; — les *Iles Britanniques*, des schistes, de la houille, de la tourbe, du sel gemme, du graphite, de la magnésie sulfatée, du fer, du cuivre, du plomb, de l'étain, du zinc ; — la *France*, des granites, des porphyres, des trachytes, des schistes ardoisiers, des pierres lithographiques, des silex meulières, de la houille, de la tourbe, du sel gemme, du kaolin, du gypse, des bitumes, du fer et de l'antimoine ; — l'*Espagne*, du sel gemme, du cuivre, du plomb, du mercure et de l'antimoine ; — l'*Italie*, de la pouzzolane, des marbres, des bitumes, du soufre, des jaspes ; — la *Suisse* est riche en schistes ; — la *Grèce* en bitumes ; et l'*Illyrie* en mercure.

L'ASIE, peu connue encore, ne nous offre d'exploitations que dans celles de ses parties qu'habitent des peuples civilisés : La *Sibérie* a de la magnésie sulfatée, des lapis-lazuli, des malachites, des diamants, du fer oxydulé (aimant), qui s'y trouve en masses inépuisables, des sables aurifères très-riches, et du platine ; la *Turquie d'Asie*, du bitume et de la magnésite (écume de mer) ; — la *Perse*, des lapis-lazuli ; l'*Indoustan*, des diamants, des corindons, de l'étain ; — la *Chine*, des granites, du talc pagodite, du jade, des corindons, du mercure, du fer et du cuivre.

L'AFRIQUE, encore moins connue que l'Asie, nous offre les granites, les syénites, les porphyres rouges de la contrée égyptienne ; les sels du Sahara et la poudre d'or du Soudan.

L'AMÉRIQUE, dont le trachyte constitue presque toute la région montagneuse, a des granites, des diamants, des topazes, des sables aurifères, du platine et du fer oligiste dans le *Brésil ;* — de l'obsidienne, de l'argent, des sables aurifères dans le *Mexique ;* — du naphte, du guano, des émeraudes, du mercure, de l'argent et du platine dans le *Pérou ;* les plus riches gisements d'anthracite, de houille, de cuivre et d'or dans les *États-Unis.*

L'OCÉANIE n'offre jusqu'à présent que les diamants et le platine dans *Bornéo ;* — et l'or dans l'*Australie.*

Nous devons encore à M. Burat un tableau de la production des mines d'or et d'argent, avant que l'Australie et la Californie eussent été exploitée.

		Marcs d'argent.	Marcs d'or.
EUROPE	Iles-Britanniques. . .	26,000	
	Russie.	90,000	25,000
	France.	8,000	
	Autriche.	540,000	55,000
	Allemagne septent.le	150,000	120
	Suède et Norvége.. .	40,000	20
	Espagne.	160,000	
	États sardes.	1,200	40
ASIE	Thibet	»	15,000
non compris la Russie	Archipel indien . . .	»	5,000
AFRIQUE	Côtes méridionales..	»	16,000
AMÉRIQUE	Brésil	»	22.000
	Mexique	2,196,000	16.000
	Pérou.	600,000	4.000
	Buenos-Ayres	525,000	2,000
	Chili.	250,000	11,500
	Colombie..	1,200	18,000
	États-Unis . .	150,000	10,000

Chaque jour nous apporte des découvertes nouvelles, et l'Amérique anglaise attire en ce moment, sur les bords du Fraser, une foule aussi ardente que celle qui exploitait naguère la Californie.

VÉGÉTAUX.

Le climat joue un rôle prédominant dans la distribution des végétaux sur la surface de la terre ; on comprendra donc facilement, après ce que nous avons dit plus haut, comment sous la zone torride il se rencontre des plantes de la zone tempérée : elles s'y étagent sur les montagnes dont les différents degrés d'élévation forment en quelque sorte autant de nouvelles régions. C'est aussi en raison de la variété des climats sous une même latitude que l'homme a pu transporter, partout où il en a senti le besoin, les plantes qui au premier abord paraissaient spéciales à telle ou telle contrée.

Ces quelques mots suffiront pour démontrer combien il serait illusoire de chercher à tracer des limites précises aux régions botaniques et pour justifier le caractère général de notre aperçu.

ZONE GLACIALE. — La zone glaciale est la région des mousses, des lichens, des fougères, des plantes rampantes, des arbustes à baies, des bouleaux et des saules qui n'y atteignent pas plus de 60 à 70 centimètres de hauteur. — Mais les végétaux que nous venons d'énumérer se retrouvent partout : les Alpes et les Pyrénées nous les montrent dans toutes leurs variétés, et l'on peut dire que la zone glaciale n'a point une végétation caractéristique. — D'autre part, par suite d'un de ces accidents climatériques que nous avons déjà signalés plus haut, la Laponie, presque tout entière sous cette zone, nous offre le seigle et presque tous les légumes de la zone tempérée. — La végétation, n'ayant d'ailleurs que quelques jours de chaleur pour se développer, est très-rapide sous la zone glaciale.

ZONE TEMPÉRÉE. — Sur la limite septentrionale de cette zone, nous trouvons de vastes forêts de pins et de sapins ; puis viennent le chêne, l'érable, l'orme, le tilleul ; enfin le cèdre, le cyprès et le liége. — Parmi les arbres fruitiers, le pommier, le poirier, le cerisier, le prunier, le pêcher, l'abricotier, l'amandier, le cognassier, le châtaigner, le noyer ; puis l'olivier, le citronnier, l'oranger et le figuier se succèdent du nord au sud, sans pour cela s'exclure : si les derniers ne peuvent vivre dans la partie septentrionale de cette zone, les premiers descendent facilement vers le sud. — La vigne et les mûriers sont répandus entre le 50ᵉ et le 30ᵉ parallèles : la première n'est cependant prospère qu'au sud du 48ᵉ. — Les céréales, dont la culture s'étend facilement au nord, nous présentent le seigle, l'avoine, l'orge, le froment, le millet et le sarrasin ; dans la partie méridionale apparaissent le maïs et le riz. — Les légumes nous offrent les choux, les fèves, les pois, les lentilles, les artichauts, etc. — Enfin parmi les plantes textiles, le lin et le chanvre se montrent indigènes dans la partie septentrionale de la zone. — En général, la végétation est moins riche du 40ᵉ au 25ᵉ degré et cela par le manque d'humidité. — Nous devons noter que les

États-Unis, en Amérique, et la Chine, en Asie, doivent à leur exposition particulière de réunir les produits des trois zones.

Zone torride. — La zone torride qui, en raison de circonstances locales, nous présente les produits des zones précédentes, en a cependant de particuliers : la canne à sucre, le caféier, le palmier, l'arbre à pain, le pisang, le boabab, le chou-palmiste, le cacao, la vanille, les arbres à épices et beaucoup de bois de teinture lui appartiennent.

Les explorations qui s'exécutent depuis quelques années dans l'hémisphère austral ne permettent pas encore de faire connaître le caractère de la végétation des zones de cette partie de notre globe, et nous ne pouvons décider si elles ne contiennent que des colonies végétales venues de la zone torride. — Tout ce que nous avons indiqué ci-dessus ne s'applique qu'à l'hémisphère boréal.

ANIMAUX.

Le climat a sur la distribution géographique des animaux la même influence que sur celle des végétaux, et, lorsque l'homme parvient à transporter d'une région dans une autre une espèce particulière, c'est qu'un examen préalable lui a fait reconnaître des similitudes de climats : aussi la conquête qu'il opère s'appelle-t-elle *acclimatation*. — D'autre part les modifications incessantes apportées aux accidents de la surface terrestre, la disparition des forêts, des marais, la guerre continue faite aux animaux nuisibles ou seulement inutiles, ont amené tantôt des migrations, tantôt la destruction d'espèces entières : il serait donc impossible de tracer une division exacte des régions *zoologiques*, et nous nous contenterons d'indiquer les espèces qui aujourd'hui encore semblent particulières à telle ou telle grande division du globe.

En Europe, c'est, en allant du nord au sud, le renne, l'hermine, l'eider; puis viennent l'élan, l'écureil, le renard, le blaireau, le sanglier; plus au midi, sur les cimes des Alpes, le chamois, et le bouquetin, le vautour et le grand aigle; en Italie, le buffle, en Corse le moufflon;

En Asie, le macaque, l'éléphant à oreilles médiocres, le rhinocéros unicorne, l'hémione, le chameau, le musc, la chèvre cachemire, l'yack, le paon, le kakatoès, le ver à soie;

En Afrique, le chimpanzé, la guenon, le lion à crinière, le léopard, le lynx, la civette, l'éléphant à grandes oreilles, le rhinocéros à deux cornes, l'hippopotame, le zèbre, le dromadaire, la girafe, la gazelle, le perroquet gris, la pintade, l'autruche, l'ibis, le flamant, le marabout, le pélican, le crocodile, le scorpion, etc.;

En Amérique, le jaguar, le couguar, l'ours noir, le grand élan, le castor, le bison, le tapir, le lama, l'alpaca, la vigogne, la sarigue, le caïman, le crotale ou serpent à sonnettes, le condor, l'oiseau mouche, le colibri, le dindon, l'agami, la tortue, l'iguane, etc., etc.;

En Océanie, le kanguroo, l'opossum, le wombat, le rhinocéros javanicus, le singe pongo, le dragon volant, le cochon-cerf, le sanglier des Papous, les dasyures, le tachyglossus, le thylacine, l'ornithorynque et l'échidné, le casoar, le menure, enfin des reptiles très-nombreux et de taille gigantesque.

Dans la nomenclature que nous venons de donner ne figurent pas les animaux soumis à la domesticité, tels que le chien, le bœuf, la brebis, la chèvre, le cheval, l'âne, le cochon, le chat; ni ceux qui suivent l'homme partout où il pénètre, parce que, véritables parasites, ils vivent à ses dépens, comme le rat, la souris; ni enfin ceux qui se rencontrent dans toutes les parties du monde, comme le renard, le lièvre, l'écureuil, le lapin, le cerf, les oiseaux de basse-cour. — Tous ces animaux semblent avoir reçu la faculté de se modifier suivant la région qu'ils habitent : cependant il faut remarquer que généralement les animaux qui peuvent supporter les froids rigoureux de la zone glaciale dépassent rarement les tropiques.

Un phénomène dont nous devons tenir compte, c'est la migration annuelle de certains oiseaux qui, aux approches de l'hiver, abandonnent les contrées boréales de l'Europe et vont chercher un ciel plus doux.

§ 5. De l'homme : Races différentes. — Religions.

RACES.

De nombreuses classifications de l'espèce humaine ont été essayées, nous reproduisons ici celle qui paraît avoir réuni le plus de suffrages, et qui ramène toutes les variétés à cinq races.

1° Race caucasienne : Les peuples de cette race ont la peau plus ou moins blanche, les cheveux longs, blonds, bruns ou même noirs, la tête presque sphérique, la face ovale, le front uni, le nez généralement arqué, la bouche moyenne. Ils habitent l'*Europe*, l'*Asie occidentale*, l'*Indoustan* et les régions *septentrionale* et *orientale* de l'*Afrique*.

2° RACE MONGOLIQUE : Elle a le teint jaune ou olivâtre, les cheveux noirs, droits, peu fournis et durs, la tête quadrangulaire, la face large, les traits peu marqués, le nez petit et camus, les yeux obliques et relevés en dehors, le menton pointu. Cette race comprend les peuples de l'*Asie à l'est du Gange et des monts Bolor*, et en *Amérique*, les *Esquimaux*.

3° RACE AMÉRICAINE : Elle a le teint d'un rouge cuivré, les cheveux noirs, luisants et roides, la face large, le front fuyant, le nez saillant, quoique camus, les yeux enfoncés. Cette race couvre l'*Amérique* de ses tribus, devenues rares dans l'Amérique du Nord, mais encore très-nombreuses dans celle du Sud.

4° RACE MALAISE : Cette race, dont les traits distinctifs sont encore bien incertains, est de couleur basanée ; elle a les cheveux noirs, frisés, longs et abondants ; le front bas et bombé, le nez gros, la bouche grande, la mâchoire supérieure proéminente. Ces peuples sont répandus dans la *partie méridionale de l'Indo-Chine*, dans toute l'*Océanie*, et même jusqu'à Madagascar, d'où elle se serait peut-être répandue en *Afrique*.

5° LA RACE NÈGRE enfin, dont la couleur est noire, les cheveux noirs et crépus, la tête étroite, le front convexe, les pommettes saillantes en avant, les yeux gros et humides, le nez gros et large, des lèvres épaisses et saillantes, les jambes cambrées. — Cette race, qui paraît avoir occupé l'*Océanie* entière où elle a laissé de nombreux débris, couvre aujourd'hui presque toute l'Afrique.

L'homme vit sous tous les climats et se prête à toutes les modifications qu'entraîne le changement de température : sur les bords du Sénégal, en Afrique, il supporte un degré de chaleur qui fait presque bouillir l'esprit-de-vin, et dans le nord de l'Asie et de l'Amérique, il résiste à un froid de 80 degrés.

On évalue le nombre total des hommes à un milliard environ d'individus ; mais cette évaluation est forcément erronée, car chez les peuples de l'Europe, seulement, s'exécutent des recensements approchant de la vérité : voici le détail du nombre hypothétique que nous venons de donner :

Europe.	270,000,000
Asie.	657.000,000
Afrique.	62,000,000

Amérique.	55,000,000
Océanie.	24,000,000

RELIGIONS.

Si tous les hommes croient à une cause suprême, tous ne s'en font point la même idée ; cette diversité d'opinion constitue les religions, qui peuvent se classer ainsi.

Fétichisme. — C'est l'adoration d'êtres ou même d'objets inanimés, auxquels l'ignorance va jusqu'à immoler des victimes humaines : en Asie, les peuples nomades de la Sibérie et de la Mandchourie ; en Afrique, presque tous les peuples de la partie méridionale, et en Océanie, tous ceux que les Européens n'ont pas soumis pratiquent le fétichisme.

Brahmanisme. — Cette religion antique des nations indoues est une déification de la nature : « Avant toutes choses était l'Être des êtres, *Brahm*, l'unique, l'incomparable, le pur, l'infini, forme de toutes choses et supérieur à toutes choses, exempt de toute dualité. Cet être pur est sans fin. Le monde aussi avec son nom et sa figure est sans fin ; mais *Brahm* seul subsiste réellement, sans nom, sans figure : le reste n'a qu'un vain semblant d'existence. » (Guignaut) *Brahm* ordonne au monde d'être, et aussitôt *Brahma*, la terre, *Vichnou*, l'eau, *Siva*, le feu, sont créés, et cependant leur réunion ou *trimourty* est *Brahm* lui-même, dont ils ne sont ainsi que les attributs. Au-dessous de la trimourtry viennent comme chez les anciens Grecs, des dieux inférieurs, personnifications de toutes les formes de la nature. — Des statues symbolisèrent cette déification des attributs de *Brahm*, et bientôt la foule ignorante prit l'idole ou l'image pour le dieu lui-même. Aujourd'hui, on peut le dire, le brahmanisme n'est plus, comme culte, qu'un polythéisme grossier. Cependant l'idée d'un Dieu suprême, de peines et de récompenses futures, est générale. Une croyance particulière encore aux sectateurs de cette religion est celle de la transmigration des âmes. Le fait social le plus important qui découle du brahmanisme est la division du peuple en trois castes héréditaires.

Bouddhisme. — Cette religion, qui subsiste dans l'île de Ceylan, dans le Népaul, l'Indo-Chine, la Chine, la Mongolie et le Japon, a son siége principal dans le Thibet. — Elle a pour point capital de doctrine sociale la négation des castes : les prêtres de cette religion viennent donc de toutes les classes, mais ils sont voués au célibat, car la perfection est la mort des sens. Le *nirvana*, ou immatériel absolu, est l'état auquel l'homme doit tendre : les *Bouddhas* sont les manifestations matérielles de l'*Intelligence suprême* qui prend un corps pour montrer à l'homme qu'il lui est possible de faire son salut. Plusieurs *Bouddhas* avaient déjà paru sur la terre, lorsque parut, dans le onzième siècle avant notre ère, celui dont les principaux enseignements sont encore suivis aujourd'hui : lorsqu'il quitta la terre, son âme transmigra dans le corps de son successeur qui la transmit aussi à son tour. Aujourd'hui encore, le *dalaï-lama*, chef de la religion au Thibet, est considéré comme la personnification de Bouddha.

Magisme. — Sous ce nom, nous comprenons la doctrine de Zoroastre, qui admet la lutte de deux principes, l'un du bien, et l'autre du mal. Cette religion est encore subsistante dans quelques parties de l'Asie.

Judaïsme. — Cette religion se divise en deux sectes, les *karaïtes*, qui ne reconnaissent que l'Ancien Testament, et les *rabbinistes*, qui mettent sur le même rang un recueil appelé Talmud : cette dernière secte domine chez les juifs d'Europe.

Christianisme. — Cette religion a pour point de départ le judaïsme, complété par la révélation du *Christ*, fils de Dieu fait homme pour racheter les hommes, dont la doctrine est contenue dans l'Évangile. — Le Christianisme a pour caractère essentiel le prosélytisme. — On le divise en *catholicisme*, qui a un chef visible nommé *pape* et résidant à Rome. Il domine en Italie, en Espagne, en Portugal, en France, en Bavière, en Autriche, en Irlande, en Pologne, et compte de nombreux adhérents dans le reste de l'Europe. Il fait tous les jours de nombreuses conquêtes dans l'Océanie et l'Asie, domine dans l'Amérique du Sud; mais, si nous exceptons le Canada, il ne compte que des adhérents isolés dans l'Amérique du Nord.

L'Église grecque, dite orthodoxe, reconnaît pour chef réel le roi de chacun des pays où elle existe, et pour chef nominal, le *patriarche* de Constantinople. Elle domine en Russie, en Grèce, dans les îles Ioniennes, et est tolérée dans la Turquie, et dans une partie de l'empire d'Autriche.

Le *protestantisme*, né au seizième siècle de notre ère, et dont les sectateurs ne reconnaissent point de chef unique, forme de nombreuses églises différant entre elles par certains points de doctrines. Les principales sont : l'*Église luthérienne* ou *évangélique*, qui domine en Allemagne, en Danemark, en Norvége, en Suède, en Livonie et en Finlande, et compte en France près de trois cent mille partisans ; elle admet la présence réelle sous les espèces du pain et du vin, et une hiérarchie ecclésiastique. — *L'Église calviniste* ou *réformée*, qui domine en Hollande, en Suisse, en Écosse, et compte en France plus de quatre cent mille sectateurs, n'admet pas de hiérarchie. — *L'Église anglicane* ou *épiscopale*, qui a maintenu la hiérarchie, a pour chef le *roi* d'Angleterre.

Le caractère essentiel du protestantisme étant la libre interprétation de la Bible, il en est résulté un nombre infini de sectes que nous n'avons point la prétention d'énumérer toutes.

Le Mahométisme. — Cette religion, née en Arabie à une époque où le polythéisme y dominait, se prétend le perfectionnement du Judaïsme et du Christianisme; elle rejette la Trinité par haine du polythéisme, dont elle croit voir la trace dans un dogme incompris, et recommande d'ailleurs la pratique de presque toutes les prescriptions du judaïsme : circoncision, aumône, jeûne, etc. Cette religion, dont la doctrine est tout entière dans le Koran, domine dans l'Asie occidentale, dans l'Afrique septentrionale, dans la Turquie d'Europe, et est tolérée dans certaines provinces de la Russie. — Elle se divise d'ailleurs en deux grandes branches : les *Schiites* qui, regardant les trois premiers successeurs de Mahomet comme des usurpateurs, lui donnent *Ali*, son gendre, comme héritier; ils dominent en Perse. — Les *Sunnites*, qui ont adopté l'opinion contraire, ont pour représentant principal le *sultan* de Constantinople.

Voici le tableau approximatif des sectateurs de chacune des religions que nous venons de faire connaître :

Fétichisme et idolâtrie.	130 à	140,000,000
Brahmanisme.		90,000,000
Bouddhisme.	200 à	300,000,000
Magisme.		1,000,000
Judaïsme.		5,000,000
Christianisme : Catholicisme.		145,000,000
— Église grecque.		70,000,000
— Protestantisme.		60,000,000
Mahométisme.		110,000,000

NOTIONS

DE COSMOGRAPHIE[*]

§ 1. — L'Univers.

Objet de la cosmographie ; mouvement apparent ; mouvement diurne ;
mouvement propre. — Mouvement réel de la terre.

La Cosmographie est la science qui nous fait connaître les parties
constitutives de l'univers, les lois qui les régissent et l'action réci-
proque qu'elles exercent les unes sur les autres ; nous ne lui de-
manderons que les notions strictement nécessaires pour faire comprendre au lecteur la place que la terre occupe dans le *grand
ensemble*, le rôle qu'elle y a et les influences qu'elle y exerce ou
qu'elle y subit.

Si nous jetons les yeux sur le ciel, l'apparence nous dit qu'il
forme au-dessus de nos têtes une voûte immense dont la base
viendrait poser sur la terre ; et, si nous sommes placés en un lieu
assez élevé pour qu'aucun obstacle n'arrête notre vue, la surface
terrestre, ainsi limitée, nous semblera former un cercle dont nous
occupons le centre : ce cercle est ce qu'on appelle l'*horizon sensible*. Le point de la voûte céleste qui se trouve directement au-
dessus de nous s'appelle *zénith* ; le point opposé, *nadir*.

Les étoiles qui, la nuit, couvrent la voûte céleste semblent se
lever à un point de l'horizon, et, conservant toujours leurs distances
respectives, monter obliquement, décrire une courbe, et disparaître à un autre point de l'horizon diamétralement opposé à celui
de leur lever. On dirait qu'au-dessus de la terre, elles décrivent le
complément de la circonférence qu'elles ont commencée au-dessus

[*] Voir la carte de *Cosmographie*, dans l'atlas Babinet.

de notre horizon, car, le lendemain, elles reparaissent au même point que la veille. Lorsque le jour succède à la nuit, le soleil s'élève à son tour sur notre horizon, décrit une courbe et disparaît, comme les étoiles, à un point opposé à celui de son apparition. — Ce mouvement général des astres, qui s'accomplit en un jour et une nuit, porte le nom de *mouvement diurne*. La ligne autour de laquelle il paraît s'exécuter, se nomme *axe du monde*, et les deux points où elle rencontre la sphère céleste sont appelés *pôles du monde* : l'un *pôle nord* ou *boréal*, toujours visible en France, et l'autre, *pôle sud* ou *austral*. — Quoiqu'il n'existe aucune étoile au pôle, on appelle *polaire* une étoile qui en est très-raprochée et dont le mouvement est si lent, qu'elle paraît immobile.

Si, au premier coup d'œil, les astres paraissent tous conserver entre eux la même distance, une observation plus attentive ne tarde pas à nous montrer que quelques-uns ont, outre le mouvement qui leur est commun avec les autres, un mouvement particulier qui les déplace chaque jour. Le soleil surtout nous apparaît avec ce *mouvement propre*, et les points de son lever et de son coucher changent chaque jour : ainsi, à la fin du mois de juin, il se lève vers le nord, s'approche beaucoup de notre *zénith* et reste visible pendant 16 heures, tandis qu'à la fin de décembre, il se lève plus au sud, s'élève très-peu et reste seulement 8 heures sur l'horizon. La lune n'offre pas moins de différences dans sa marche. — Ce mouvement de déplacement particulier à certains astres leur a valu le nom de *planètes* ou astres *errants*, tandis que les autres ont reçu, par opposition, celui d'étoiles *fixes*. — Nous ajouterons ici que, le nombre des étoiles étant considérable, on a été obligé, pour les désigner plus facilement, de les classer par groupes appelés *constellations*.

Quelquefois apparaissent dans le ciel des corps lumineux entourés d'une masse nébuleuse nommée *chevelure*, et suivis ou précédés d'une traînée lumineuse qu'on appelle *queue* ou *barbe*, suivant qu'elle les suit ou les précède. Ces astres, dont la marche est très-difficile à préciser, ont reçu le nom de *comètes* ou chevelus.

Toutes les étoiles, à cause de leur grande distance, nous semblent être également éloignées de la terre et situées sur la surface d'une sphère creuse qui opère autour d'elle une révolution complète dans l'espace d'un jour et d'une nuit : c'est là aussi ce que croyaient les anciens. Mais Copernic et Képler (1507 à 1631) ont détruit cette erreur, qui a sa cause dans un phénomène que chacun de nous peut vérifier à sa volonté. En effet, si nous montons dans un véhicule quelconque et qu'une grande vitesse lui soit imprimée, les arbres, les maisons, etc., qui bordent la route que nous suivons, paraissent fuir avec rapidité dans le sens opposé à celui de notre course. La même illusion se produit quand nous regardons les astres : tout ce qui nous entoure participant au même mouvement que nous, nous ne pouvons avoir conscience de ce mouvement qui s'opère sans secousse, et nous arrivons à croire que la terre est immobile, tandis que la sphère céleste se meut autour d'elle. — Mais comment admettre que le soleil, les planètes et les étoiles, si nombreuses et placées à des distances si diverses, puissent accomplir en un seul jour leur révolution autour de notre globe? Dans cette hypothèse, le soleil, 1,400,000 de fois plus gros que la terre, devrait parcourir 10,000 kilomètres par seconde; les étoiles les moins éloignées auraient à franchir 4,500 millions de kilomètres dans le même temps; enfin, comme il faudrait que les astres les plus éloignés, aussi bien que les plus proches, exécutassent chaque jour leur révolution complète, il s'en suivrait que la vitesse de ces corps serait d'autant plus grande qu'ils seraient plus éloignés de la terre : or l'expérience, pour les planètes du moins, démontre que c'est le contraire qui est vrai.

De ce qui précède nous conclurons donc que la terre tourne sur elle-même de l'ouest à l'est, et qu'elle accomplit ce mouvement de rotation dans l'espace d'un jour.

§ 2. — La Terre.

Forme de la terre ; axe, pôles, grands et petits cercles. — Longitude et latitude. — Aplatissement de la terre aux pôles ; dimensions, mouvement annuel, solstices, équinoxes. — Saisons; zodiaque; année.

FORME DE LA TERRE. — Longtemps les hommes ont cru que la terre était plate : l'observation est venue, avant la science proprement dite, renverser cette croyance. En effet, si, placés dans une plaine, nous dirigeons notre vue vers une montagne ou vers une ville, c'est le sommet de la montagne ou des édifices qui nous apparaîtra d'abord. *La surface de la terre est donc arrondie.* — Si, des bords de la mer, nous assistons au départ d'un vaisseau, il arriva bientôt que la coque semblera s'enfoncer dans l'eau et les mâts resteront seuls visibles; puis, le vaisseau continuant à s'éloigner, les mâts eux-mêmes disparaîtront : *la surface de la mer est donc aussi arrondie.* — Enfin, si nous remarquons que tous les fleuves portent leurs eaux à la mer par une pente si bien ménagée que la navigation n'est point interrompue, nous conclurons que les terres et la mer ont à peu près la même courbure et que *notre globe a une forme arrondie.*

Les voyages autour du monde, qui montrent revenant par l'Occident le voyageur qui est parti par l'Orient, et la forme de l'ombre de la terre projetée *circulaire* sur la lune, dans le phénomène des éclipses, que nous étudierons plus tard, ont ensuite corroboré la croyance à la rotondité de la terre.

On a objecté contre cette rotondité l'existence des montagnes, des vallées et autres inégalités de sa surface : la science répond que ces inégalités n'ont pas plus d'importance que n'en ont les rugosités sur la peau d'une orange. En effet, la plus haute montagne ne dépasse guère 8,000 mètres, ce qui ne forme que la 1600ᵉ partie du diamètre terrestre, et ne serait représentée sur un globe de 16 centimètres de diamètre, que par une épaisseur d'un dixième de millimètre, ou à peu près l'épaisseur d'une feuille de papier ordinaire. Comme aucun continent, aucune contrée d'une certaine étendue n'atteint d'ailleurs la moitié de l'élévation indiquée ici, il en résulte que sur le globe de 16 centimètres, la terre-ferme devrait offrir une saillie moindre que l'épaisseur d'une feuille de papier, etc.

Axe, pôles, grands et petits cercles. — La terre est donc à peu près sphérique; pour déterminer complétement sa forme, il faut que nous cherchions les moyens de la mesurer.

La terre, tournant sur elle-même, exécute ce mouvement sur un *axe,* que l'on considère comme une portion de l'axe du monde : les points où cet axe rencontre la surface de la terre s'appellent *pôles :* l'un placé du côté de la constellation de la *petite Ourse* se nomme *pôle nord, boréal* ou *arctique* (de l'ourse, *arctos,* en grec); l'autre s'appelle *pôle sud, austral* ou *antarctique* (opposé à l'ourse).

On a ensuite imaginé à égale distance des deux pôles un grand cercle qui passe par le centre de la terre et la divise en deux hémisphères égaux, l'un boréal et l'autre austral : ce cercle s'appelle *équateur*. On le nomme aussi *ligne équinoxiale* parce qu'il y a égalité de jour et de nuit aux deux époques de l'année où le soleil est au zénith de ce cercle, ce qui a lieu le 21 mars et le 21 septembre, comme nous le verrons plus tard.

On appelle *méridiens* d'autres grands cercles qui passent par les pôles et sont perpendiculaires à l'équateur : on les nomme méridiens parce qu'il est midi ou minuit pour tous les lieux où ils passent, quand le soleil se trouve au zénith de l'un de leurs points. Dans le langage usuel on donne le plus souvent le nom de méridien au demi-méridien. On pourrait imaginer autant de méridiens qu'on voudrait, mais l'usage en a fixé le nombre à 180, ce qui forme 360 demi-méridiens.

Chaque méridien terrestre correspond à un méridien céleste.

Chaque méridien partage naturellement la terre en deux hémisphères, l'un oriental et l'autre occidental.

On appelle *méridienne* d'un lieu la ligne droite qui résulte de l'intersection de l'horizon sensible de ce lieu avec le plan du méridien : elle indique exactement la direction des pôles.

On appelle *parallèles* des petits cercles parallèles à l'équateur et perpendiculaires au méridien : on en compte 180 d'un pôle à l'autre, c'est-à-dire 90 dans l'hémisphère boréal et 90 dans l'hémisphère austral. Les parallèles prolongés jusqu'à la sphère céleste divisent cette sphère comme le globe terrestre. — Les plus remarquables des parallèles sont les tropiques et les cercles polaires : les *tropiques*, dont le nom signifie *retour*, sont situés, l'un dans l'hémisphère boréal et l'autre dans l'hémisphère austral à une distance de 23°27'40″ de l'équateur ; ils marquent la limite extrême de la marche apparente du soleil dans les deux hémisphères : aussi l'un s'appelle-t-il *tropique d'été* parce que, lorsque le soleil s'y trouve, nous sommes au commencement de cette saison, et l'autre *tropique d'hiver*, parce que le soleil s'y trouve au commencement de l'hiver. On appelle aussi le premier *tropique du Cancer* et le second *tropique du Capricorne* du nom des deux constellations près desquelles le soleil se trouve alors placé. — Les *cercles polaires* situés par rapport aux pôles comme les tropiques le sont par rapport à l'équateur, c'est-à-dire à 23°27'40″, tirent leur nom de leur position, et l'un est dit cercle polaire arctique, l'autre cercle polaire antarctique. Ils marquent la limite qu'atteint la lumière solaire aux deux solstices.

Longitude et latitude. — Les pôles et l'équateur étant fixes, on a pu y rapporter les différents points de la surface de la terre, et pour cela on a divisé l'intervalle qui sépare l'équateur des pôles en 90 degrés ou parallèles principaux, subdivisés eux-mêmes en minutes et secondes. C'est à l'aide de ces degrés que l'on mesure la latitude d'un lieu, c'est-à-dire qu'on indique sa distance de l'équateur. La plus grande latitude est naturellement aux pôles; elle est nulle à l'équateur. Elle est boréale ou australe, suivant que le lieu est dans l'un ou l'autre hémisphère. — Ne savoir que la latitude d'un lieu ne suffirait pas, car les parallèles font le tour de la sphère; pour préciser la localité, on a dû avoir recours aux méridiens et en choisir un comme point de départ fixe. En France nous avons pris celui qui passe à Paris. Tout méridien passant par les pôles et par le centre de la terre est un grand cercle et partage la terre en deux hémisphères, l'un occidental et l'autre oriental. On suppose chacun de ces hémisphères divisé en 180 méridiens principaux ou degrés, qui se subdivisent en minutes, secondes, etc. Indiquer sur lequel de ces 180 degrés, soit à l'ouest, soit à l'est, un lieu est situé par rapport au méridien de Paris, c'est donner la longitude de ce lieu. En combinant les données de la longitude avec celles de la latitude, on peut indiquer exactement la position d'une ville. En effet la latitude fait connaître sur quel parallèle et la longitude à quel point précis de ce parallèle elle est située.

Comme chaque peuple prend en général pour premier méridien celui qui passe par son observatoire, on est souvent obligé de ramener la longitude donnée d'une ville étrangère à la longitude de Paris. Il suffit pour cela de retrancher ou d'ajouter à cette longitude donnée de la ville le nombre de degrés qui constitue la différence entre le méridien choisi comme point de départ et celui de Paris. Ainsi Moscou est à 37°32' de longitude orientale de Greenwich, où passe le premier méridien des Anglais : or Greenwich est lui-même à 2°20' de longitude occidentale de Paris; il nous suffit, pour connaître la longitude de Moscou par rapport à Paris, de retrancher de la longitude donnée 2°20' qui forment la différence entre le méridien de Paris et celui de Greenwich, et nous saurons que Moscou est à 35°12' de longitude orientale de Paris.

Les parallèles deviennent de plus en plus petits à mesure qu'ils s'approchent des pôles; mais, comme les méridiens peuvent, malgré le petit aplatissement de la terre aux pôles, être considérés comme égaux, et que c'est sur eux que se comptent les degrés de latitude, on dit que les degrés de latitude sont à peu près égaux. — La longitude, au contraire, se comptant sur les parallèles, et chaque parallèle étant divisé en 360 degrés, il est évident que ces degrés deviennent de plus en plus petits à mesure qu'on approche du pôle, et dès lors les degrés de longitude subissent cette même diminution.

MOYEN DE DÉTERMINER LA LONGITUDE ET LA LATITUDE. — Puisque le soleil paraît faire le tour de la terre en 24 heures et que la terre est divisée en 360 degrés, il s'en suit que le soleil parcourt en 1 heure $\frac{360}{24}$ ou 15 degrés, ce qui donne 1 degré pour 4 minutes : donc quand il est midi à Paris, il faut qu'il s'écoule 4 minutes pour qu'il soit midi au degré ou méridien occidental suivant ; et quand il est midi à 15 degrés au méridien à l'ouest de Paris, cette ville compte alors 1 heure. — D'où il ressort que si l'heure d'un pays est plus avancée que celle d'un autre, c'est qu'il est placé plus à l'est ; et que, si elle moins avancée, il est situé à l'ouest.

On emploie pour connaître la différence des heures des *montres marines*, qu'on appelle aussi *chronomètres* ou *garde-temps*. On met ces montres à l'heure sur le soleil, au moment de midi sur le méridien choisi, c'est celui de Paris pour nous. Elles continuent à marquer l'heure qu'il est dans ce lieu pendant plusieurs mois sans se déranger. Si l'on voyage et si l'on veut connaître la longitude du lieu où l'on est arrivé, il suffit de comparer l'heure qu'il est dans cet endroit à l'heure que marque le chronomètre et qui est celle de Paris : la différence indique la longitude. Est-il 9 heures du matin sur le chronomètre, tandis qu'il est 11 h. 24 m. dans la ville où l'on est, ce qui donne une différence de 2 h. 24 m., il suffit de multiplier les heures de cette différence par 15, et de diviser les minutes par 4 et l'on aura 36 degrés de longitude orientale. — Les éclipses et les télégraphes électriques peuvent aussi servir à la mesure des longitudes ; car, les éclipses étant visibles en même temps sur une très-grande partie de la terre, les différences d'heures aux différents lieux où elles sont vues en même temps permettent de mesurer l'éloignement de ces lieux ; quant à l'électricité, sa rapidité étant telle que pour de grandes distances le moment du départ et celui de l'arrivée sont presque simultanés, on peut encore connaître la longitude des différents lieux en constatant la différence des heures où le signal électrique a été noté.

La *latitude* d'un lieu étant marquée par l'arc du méridien compris entre le parallèle passant en ce lieu et l'équateur, on mesure la latitude d'un lieu par l'élévation du pôle céleste au-dessus de l'horizon de ce lieu. Si l'on est placé à l'équateur, le pôle céleste se trouve juste à l'horizon et la latitude est nulle ; mais, si l'on s'avance, suivant un méridien, de 1, 2 ou plusieurs degrés, le pôle s'élève proportionnellement au-dessus de l'horizon, et, si l'on pouvait parvenir au pôle terrestre, on aurait le pôle céleste exactement à son zénith, c'est-à-dire 90 degrés au-dessus de l'horizon ; il suit de là que la latitude d'un lieu est égale à la hauteur du pôle en ce lieu. C'est donc cette hauteur qu'il faut mesurer, et c'est ce qu'on fait avec plus ou moins de précision avec les instruments de marine, de géodésie et d'astronomie.

APLATISSEMENT DE LA TERRE AUX POLES. — Nous avons indiqué déjà que la terre est aplatie aux pôles, mais nous n'en avons donné ni la preuve ni la cause, c'est ce que nous allons faire ici. — En marchant de l'équateur vers le pôle terrestre, on trouve les chemins parcourus à peu près proportionnels à l'augmentation correspondante dans la hauteur du pôle ; si cela était rigoureusement exact, la terre serait un globe parfait, et les méridiens seraient des circonférences ; mais il n'en est pas tout à fait ainsi, et les degrés sont un peu plus longs dans le voisinage du pôle.

On a reconnu que l'aplatissement de la Terre est d'environ 20,000 mètres à chaque pôle, et à peu près la 309e partie du rayon moyen terrestre.

Cet aplatissement de notre globe s'explique par la rotation autour d'un axe, et vient confirmer une fois de plus le fait de cette rotation : en effet, toute sphère ou boule, formée de matières fluides, et soumise à un mouvement de rotation, se déprime aux points extrêmes où l'axe aboutit. Toutes les planètes doivent éprouver, par la même cause, un aplatissement dans le sens de leur axe, et l'observation confirme cette théorie.

DIMENSIONS DE LA TERRE. — La terre est donc un sphéroïde aplati aux pôles ; son rayon, à l'équateur, est de 6,376,821 m. ; au pôle, de 6,355,565 m. ; d'où un rayon moyen de 6,366,193 m. — Elle a 40,000,000 de m. de circonférence à l'équateur, et une superficie de 509,446,600 kilomètres carrés, dont les $\frac{3}{5}$ sont recouverts par les eaux de la mer.

La longueur de l'arc d'un degré est de 111,111^{m}11^c; la lieue marine de 20 au degré égale par conséquent $\frac{111\,111\,11}{20}$ ou 5,555^{m}55^c; le mille marin de 60 au degré, ce qui équivaut à la longueur de l'arc d'une minute, égale $\frac{111\,111\,11}{60}$ ou 1851^{m}85^c.

Mouvement annuel. — L'apparence, qui nous a fait croire que la voûte du ciel tourne autour de la terre, nous montre aussi le soleil occupant chaque jour une place différente, par rapport aux étoiles, et passant dans le cours d'une année devant douze constellations. La réflexion ne tarde pas à nous convaincre que ce second mouvement apparent est dû à la translation de la terre autour du soleil, laquelle nous fait voir cet astre successivement vis-à-vis de divers points du ciel et au milieu de divers groupes d'étoiles et que non-seulement, comme nous l'avons prouvé plus haut, cette planète tourne sur elle-même, mais encore qu'elle décrit autour du soleil une courbe particulière appelée *ellipse*.

Le soleil occupe ce qu'on appelle le *foyer* de l'ellipse, qui est placé sur le plus grand diamètre : il s'ensuit que la terre n'est pas à une distance toujours égale du soleil, et l'on évalue à environ 4 millions de kilom. la différence qu'il y a entre l'*aphélie* ou la plus grande distance, et le *périhélie* ou plus petite distance; on porte à un peu plus de 153 millions de kilom. la distance moyenne de la terre au soleil.

Solstices, équinoxes. — Si l'axe de la terre était perpendiculaire au plan dans lequel son orbite se trouve placé, et qu'on appelle écliptique, les deux pôles ne seraient jamais éclairés, les jours seraient égaux aux nuits, et nous aurions toujours la même température du 21 mars ou celle du 21 septembre ; si d'autre part, dans son inclinaison, l'axe de la terre ne restait pas parallèle à lui-même, nous aurions l'inégalité des jours et des nuits et la température du 21 juin ou celle du 21 décembre. Mais, comme l'axe de la terre est incliné de 23° 27′ 40″, et qu'il conserve toujours cette position, il arrive qu'à deux époques différentes de sa révolution, appelées *solstices*, la terre présente ses pôles au soleil, et qu'à deux autres époques, nommées *équinoxes*, elle les soustrait tous les deux à l'action des rayons solaires ; il en résulte aussi une augmentation et une diminution progressives des jours et des nuits et une variation de température entre l'été et l'hiver.

Le 21 mars, les deux pôles, quoique toujours obliques par rapport à l'écliptique, se trouvent également éloignés du soleil, dont les rayons tombent perpendiculairement à l'axe et à égale distance des deux pôles, et par conséquent sur la ligne équatoriale. Ils éclairent alors une moitié de chaque cercle parallèle, et laissent l'autre dans une complète obscurité : les jours et les nuits se trouvent donc de même durée, c'est pour cela qu'on appelle ce jour *équinoxe*, ce qui veut dire égalité de nuit, d'où résulte l'égalité de jour.

A partir du 21 mars, la terre, continuant à décrire son orbite, le pôle N. se trouve de plus en plus sous la direction des rayons solaires, et le pôle S. s'en éloigne d'autant : ils vont rester ainsi pendant six mois. Les jours sont alors, dans l'hémisphère boréal, plus longs que les nuits et augmentent toujours, tandis que le contraire a lieu dans l'autre hémisphère. Enfin nous arrivons au 21 juin, jour du *solstice d'été :* pour l'hémisphère boréal, le pôle N. est alors tourné tout entier vers le soleil, qui éclaire jusqu'à 23° 27′ 40″ autour de lui, et se trouve au zénith du *tropique du Cancer*. Cette époque s'appelle *solstice* (station du soleil), parce qu'alors cet astre paraît s'arrêter.

Au 23 septembre, la terre, qui a poursuivi sa révolution en remontant dans le plan de son écliptique, n'est plus éclairée au pôle nord, qui restera six mois dans l'obscurité, et ne l'est pas encore au pôle sud ; les rayons solaires frappent directement le plan de l'équateur ; les jours sont égaux aux nuits et nous sommes dans l'*équinoxe d'automne*.

La terre continuant à monter, ou, pour l'apparence, le soleil à descendre dans l'écliptique, l'égalité des jours disparaît : l'hémisphère boréal est de moins en moins éclairé et les jours y sont plus courts ; l'hémisphère austral, au contraire, est de plus en éclairé, les jours y sont plus longs que les nuits, et le pôle sud tourné tout entier vers le soleil est éclairé jusqu'à 23°27′40″ : nous sommes au 22 décembre ; le soleil est au zénith du tropique du capricorne et paraît s'arrêter, c'est le *solstice d'hiver*.

Nous ferons remarquer que la terre est à son *aphélie* en été et à son *périhélie* en hiver, d'où il suit que ce n'est pas sa proximité ou son éloignement du soleil qui déterminent le chaud ou le froid pendant ces deux saisons. Cette espèce de contradiction dans les faits s'explique cependant très-bien : en été, l'hémisphère boréal est

incliné vers le soleil dont les rayons tombent par conséquent plus
directement sur la partie du globe terrestre que nous habitons ; les
nuits sont plus courtes qu'à aucune autre époque, et le rayonne-
ment n'a pas le temps de faire perdre au sol la chaleur qu'il a
reçue. — En hiver, au contraire, c'est le pôle austral qui est tourné
vers le soleil dont les rayons n'arrivent plus qu'obliquement dans
notre hémisphère ; les nuits sont en outre fort longues et le rayon-
nement fait perdre au sol le peu de chaleur qu'il a reçu. — Nous
ferons encore remarquer que ce n'est pas au 21 juin que nous
avons la température la plus élevée, quoiqu'alors les rayons solaires
nous arrivent plus perpendiculairement, mais bien de la fin de
juillet à la fin d'août ; à cette époque la chaleur, qui a eu le temps
de s'accumuler, produit ce qu'on appelle les *jours caniculaires*,
ainsi nommés parce que le soleil est alors voisin de la constellation du *Grand Chien* ou *Canicule*, ce sont les plus chauds de
l'année.

L'équinoxe de printemps (21 mars), le solstice d'été (22 juin),
l'équinoxe d'automne (23 septembre) et le solstice d'hiver (22 décembre) marquent le commencement des 4 saisons. Comme la partie de l'orbite que la terre parcourt du printemps à l'automne est
plus grande que celle qu'elle parcourt de l'automne au printemps,
et que le mouvement de cette planète est un peu plus rapide en
hiver qu'en été, en raison d'une plus grande proximité du soleil, il
résulte que les saisons n'ont point le même nombre de jours :

		jours.	heures.	minutes.
Le printemps dure environ.		92	20	50
L'été,	—	93	14	8
L'automne,	—	89	17	38
L'hiver,	—	89	1	13

Comme on le voit, le temps que dure chaque saison ne se marque
point par des quantités entières de jours ; aussi les saisons ne com-
mencent pas chaque année à la même date, mais cependant les
différences ne sont jamais bien grandes.

La durée des jours varie comme nous l'avons indiqué en suivant la
marche de la terre : à l'équateur elle est de 12 heures, parce que ce
cercle est toujours partagé en deux parties égales par la lumière solaire ; au cercle polaire elle est de 24 heures à l'époque des solstices,
puisqu'alors les rayons du soleil dépassent le pôle de 23°27′40″ ;

au pôle boréal le plus long jour est de 6 mois, de l'équinoxe du printemps à celui de l'automne, puis il est ensuite plongé dans la nuit et c'est le pôle austral qui jouit d'un jour de 6 mois.

ZODIAQUE. — L'orbite que la terre décrit dans sa révolution annuelle correspond dans le ciel à une zone que limitent deux cercles parallèles : cette zone, qui a 12° de largeur environ, porte le nom de *zodiaque* et comprend 12 divisions principales qui, suivant les anciens, étaient les demeures du soleil, parce que dans son mouvement apparent autour de notre globe, cet astre passait successivement devant chacune des constellations qui occupaient alors ces divisions qui portent le nom de signes du zodiaque ; il en parcourait ainsi trois par saison. Voici la liste de ces 12 divisions qui ont pris le nom des constellations qui anciennement se trouvaient dans ces espaces célestes et les noms des mois auxquels elles correspondent :

Printemps : mars, le *Bélier ;* avril, le *Taureau ;* mai, les *Gémaux.*

Été : juin, le *Cancer ;* juillet, le *Lion ;* août, la *Vierge.*

Automne : septembre, la *Balance ;* octobre, le *Scorpion ;* novembre, le *Sagitaire.*

Hiver : décembre, le *Capricorne ;* janvier, le *Verseau ;* février, les *Poissons.*

Nous devons faire remarquer que, les divisions du zodiaque ne correspondant plus aux mêmes étoiles qu'autrefois, il ne faut pas confondre les signes avec les constellations qui portent le même nom. — Le zodiaque est donc sans grande importance aujourd'hui et n'est plus rappelé que comme souvenir.

§ 3. — Le Soleil.

Distance de la terre, diamètre ; constitution ; mouvement de rotation ; mouvement de translation ; système solaire. — Lune. — Comètes.

Le soleil, qui occupe le centre du système auquel la terre appartient, est la plus rapprochée de toutes les étoiles et par cela même nous paraît la plus considérable et la plus brillante. Sa distance de la terre est de 153,000,000 de kilomètres, et son diamètre est 112 fois plus grand que celui de la terre, ou de 1,426,096 kilomètres environ.

Le soleil paraît composé de trois corps distincts : 1° d'un noyau opaque et solide ; 2° d'une atmosphère nuageuse très-dense qui enveloppe le noyau, et 3° enfin d'une atmosphère lumineuse, appelée *photosphère* ou sphère de lumière, et qui en forme la partie extérieure. Les taches sombres, que l'on aperçoit assez souvent, ont pour cause, dit-on, des échancrures produites dans les atmosphères et qui laissent voir le noyau. Ces taches, par leurs déplacements périodiques, ont permis de constater que le soleil accomplit un mouvement de rotation sur lui-même en 25 jours et demi ; l'axe sur lequel il paraît tourner, fait avec l'écliptique un angle de 82° et demi, et par suite son équateur fait avec le même plan un angle de 7 degrés et demi. Les astronomes pensent aujourd'hui que le soleil accomplit en outre un mouvement de translation vers la constellation d'Hercule ; mais, si ce mouvement a lieu, il ne paraît point avoir d'influence pour notre globe.

Le système solaire se compose : 1° de 8 planètes ; 2° d'un nombre indéterminé de petites planètes, dont les distances au soleil sont comprises entre celles de Mars et de Jupiter ; 3° de 21 satellites de planètes ; 4° enfin d'un nombre indéterminé de comètes.

Les *planètes* sont des astres opaques qui réfléchissent la lumière du soleil et exécutent comme la terre deux mouvements, l'un de *rotation* sur eux-mêmes et l'autre de *révolution* autour du soleil. — Elles décrivent des ellipses dont le soleil occupe un des foyers. Plus une planète est voisine du soleil, plus rapidement elle accomplit sa révolution autour de lui. Notre travail devant se limiter à ce qui regarde plus particulièrement la terre, nous nous contenterons de donner ici un tableau qui résume les principaux éléments du système solaire.

NOMS DES PLANÈTES.	DISTANCE AU SOLEIL.	ROTATION.	RÉVOLUTION.	DIAMÈTRES rapportés à celu de la terre.
	kilomètres.	h. min.	jours.	
Mercure.........	59,000,000	24 5	87,96926	0,591
Vénus...........	110,000,000	23 21	224,70080	0,985
La Terre.......	158,000,000	23 56	365,25657	1 000
Mars...........	234,000,000	24 39	686,97964	0,519
Jupiter........	798,000,000	9 56	4,332,58482	11,225
Saturne.... ...	1,464,000,000	10 16	10.759,02198	9,022
Uranus	2,943,000,000		30,686,08205	4,344
Neptune.......	4,590,000,000		60.127	4,719

Ce tableau nous montre quatre planètes de grandeur moyenne, savoir : Mercure, Vénus, la Terre et Mars ; puis, entre Mars et Jupiter un très-grand nombre de très-petites planètes ; puis enfin, extérieurement, quatre grosses planètes, savoir : Jupiter, Saturne, Uranus et Neptune.

Laissant de côté les petites planètes qu'on appelle aussi *astéroïdes*, nous dirons seulement quelques mots des *satellites* et des *comètes*.

Sous le nom de satellites on désigne les lunes ou planètes secondaires qui accomplissent leur révolution autour des planètes, pendant que celles-ci tournent elles-mêmes autour du soleil. La terre a un satellite connu sous le nom de *lune*; Jupiter en a quatre; Saturne, huit; Uranus, six; Neptune, deux. — Les satellites ont cela de particulier que leurs mouvements de rotation et de révolution ont la même durée et qu'ainsi ils présentent toujours à leur planète le même hémisphère.

Nous ne nous occuperons ici que d'un seul satellite, de la lune, parce que ses mouvements ont une certaine influence sur le globe que nous habitons.

§ 4. — La Lune.

Diamètre, volume, distance de la terre. — Constitution. — Mouvement de rotation. — Mouvement de révolution. — Phases. — Éclipses.

La lune, planète secondaire, est le satellite de la terre : son diamètre est de 3,482 kilom.; sa grosseur est un quarante-neuvième de celle de la terre, et sa distance de cette planète de 386,892 kil. — La lune est un corps opaque, qui réfléchit la lumière du soleil et paraît ne pas avoir d'atmosphère. — On y remarque des taches dont les unes, *périodiques*, proviennent de la projection de l'ombre des montagnes qu'elle renferme ; les autres, *permanentes*, sont attribuées soit à la couleur du sol, soit à l'enfoncement des vallées.

La lune tourne sur elle-même d'occident en orient en 27 j. 7 h. 43' 11"5 ; son axe, qui reste toujours parallèle à lui-même, fait avec la perpendiculaire au plan de l'orbite lunaire un angle qui atteint jusqu'à 1 degré. — L'orbite de la lune ne coïncide pas avec l'écliptique, mais forme, au contraire, avec lui un angle de 5° 8'48", de telle sorte qu'une partie se trouve placée au-dessus et l'autre au-dessous. Les deux points où la lune rencontre l'écliptique s'appellent *nœuds* : celui qu'elle traverse, pour s'élever au nord, s'appelle *nœud ascendant ;* l'autre, *nœud descendant.* Ce n'est pas toujours aux mêmes points que la lune rencontre l'écliptique ; ce déplacement a lieu d'orient en occident, et c'est après une période de 18 ans 7 mois et demi environ que la lune revient au même point : le nœud ascendant a parcouru alors la circonférence entière de l'écliptique, et accompli ce qu'on appelle la *révolution tropique des nœuds,* dont la durée est de 27 j. 7 h. 43′ 11″4.

La révolution que la lune accomplit autour de la terre s'effectue comme son mouvement de rotation en 27 j. 7 h. 43′ 11″5 ; après cette période, elle se retrouve *à peu près* dans la même position relative où elle était avant son mouvement. Nous disons *à peu près,* parce que, pendant qu'elle décrivait son orbite, la terre s'est avancée elle-même dans l'écliptique, a changé par conséquent sa position relative par rapport aux astres, et, quand la lune revient à son point primitif, elle ne se trouve plus dans le même rapport avec les astres ; il lui faut encore 2 j. 5 h. environ pour atteindre l'astre qui se trouvait sur la même longitude qu'elle : elle a alors accompli une révolution *synodique* (route faite ensemble) ou *lunaison* ou un *mois lunaire,* qui est par conséquent de 29 j. 12 h. 44′ 2″9.

Dans sa marche autour de la terre, la lune présente des apparences très-diverses, suivant qu'elle est plus·ou moins éclairée par le soleil : on appelle ces apparences *phases.*

Lorsque la lune se trouve entre le soleil et la terre, nous apercevons forcément son hémisphère obscur ; c'est la *nouvelle lune* ou moment de la *conjonction,* — Ensuite elle nous présente un croissant, dont les pointes sont tournées vers l'est ; puis, vers le 8ᵉ jour, elle se montre sous la forme d'un demi-cercle, c'est le *premier quartier ;* sept jours plus tard, elle est au milieu de sa course et présente toute sa partie éclairée, c'est l'époque de la *pleine lune,* c'est ce qu'on appelle aussi le moment de l'opposition, parce qu'alors la lune est, par rapport à la terre, de l'autre côté du soleil. Depuis ce moment, la lune commence à décroître, et reproduit, mais en sens inverse, les phénomènes que nous avons indiqués jusqu'ici. Nous noterons que, dans cette partie de sa marche, les pointes des croissants sont dirigées vers l'ouest.

ÉCLIPSES. — La lune, étant plus voisine de la terre que le soleil, doit nécessairement s'interposer quelquefois entre elle et lui. Ainsi lorsqu'elle est en *conjonction* avec le soleil, ce qui n'a lieu qu'à l'époque des nouvelles lunes, il pourra y avoir éclipse, mais seulement si elle se trouve vers l'orbite de la terre, c'est-à-dire près de l'un des nœuds : c'est la même circonstance qui a fait donner à l'orbite de la terre le nom d'*écliptique*. Nous ferons remarquer que les éclipses de soleil, en raison même de la petitesse comparative de la lune, ne peuvent être que locales ; que, visibles dans un endroit, elles ne le sont point dans un autre.

La terre, étant plus grande que la lune, peut couvrir celle-ci entièrement de son ombre, et alors il y a éclipse de lune : ce phénomène a lieu au moment de l'*opposition*, si la lune est placée au nœud ou intersection de son orbite et de celle de la terre ; l'éclipse ne serait que partielle, si la lune n'était pas entièrement dans le cône d'ombre de la terre.

Comètes. — Les comètes, dont nous avons indiqué l'apparence, paraissent décrire des ellipses très-allongées, dont le soleil occuperait le foyer. — Les croyances populaires leur ont longtemps attribué une influence directe sur notre terre ; aujourd'hui la science a fait justice de ces croyances. — Les comètes se meuvent dans toutes les directions, du nord au sud, de l'est à l'ouest, etc.

§ 5. — Construction des cartes.

Canevas, globes et cartes. — Divers systèmes de projection
Mappemonde, cartes générales et cartes particulières.

On donne le nom de *canevas* à des systèmes de méridiens et de parallèles tracés soit sur des *globes* soit sur des *cartes planes*, au moyen desquels on peut rapporter facilement les différents points de la terre dont on connaît la longitude et la latitude, ou réciproquement assigner la longitude et la latitude d'un lieu quelconque marqué sur le globe ou sur la carte.

Les dimensions nécessairement restreintes des globes ne permettent pas d'y représenter les détails topographiques ; on y supplée par la construction de cartes planes, dont les canevas s'obtiennent, pour la plupart, au moyen de *projections* ou de *développements*. Les projections proprement dites sont ordinairement réservées pour les mappemondes, qui peuvent remplacer avantageusement les globes dans une foule de circonstances. Les développements sont surtout utiles pour les cartes particulières sur lesquelles on veut représenter seulement une petite portion de la surface terrestre avec détails; il y a encore d'autres modes de représentation, ayant un objet spécial, comme les cartes marines. Enfin on se sert de divers systèmes suivant les divers points de vue où l'on a besoin de considérer la surface de la terre et des mers.

MAPPEMONDES. — On peut employer plusieurs systèmes de projections géométriques : la projection orthographique, la projection perspective ou stéréographique, ou mieux encore la projection homalographique.

Projection orthographique. — Cette projection ne s'applique en géographie que pour les contrées polaires, mais elle est nécessairement la seule que l'on puisse employer pour représenter l'hémisphère visible de la lune et les apparences des planètes.

Projection stéréographique. — La projection stéréographique est une perspective de la surface terrestre, en prenant pour tableau le plan d'un grand cercle et supposant l'œil à l'antipode du centre de l'hémisphère à représenter. On conçoit alors comment les pays situés au centre de la carte se trouvent réduits au quart de leur véritable grandeur, comparativement à ceux qui en occupent les bords.

Projection Mercator. — Lorsque l'on veut indiquer les courants des mers, la direction des vents, les variations locales de la boussole, on a recours à cette projection que conservent les angles en vraie grandeur; mais elle n'a d'utilité que comme *carte marine*, car la déformation continentale augmente à mesure que l'on s'éloigne de l'équateur vers les pôles, les méridiens étant représentés par des perpendiculaires qui divisent l'équateur en parties égales.

Projection homalographique de M. Babinet. — Quant à la géographie proprement dite et à ses nombreuses branches, géographie physique, géologique, politique, etc., c'est la *superficie* que on a principalement à considérer, et la projection Babinet est la seule qui permet de donner la vraie grandeur des pays; réunissant les avantages des divers systèmes, elle jouit seule de la propriété de représenter exactement, par des portions égales de la carte, des portions égales du globe.

Pour les cartes limitées, la projection *homalographique*, qui, plus qu'aucune autre, rappelle la forme sphéroïdale de la terre, a, sur les autres projections, une grande supériorité par son tracé facile, au moyen des parallèles en ligne droite et par les estimes plus sûres des directions qu'elle permet de prendre, car pour tous ses points l'est est exactement à droite, et l'ouest à gauche, et elle évite ainsi des erreurs de direction que la forme arquée des parallèles dans la projection *stéréographique* rend inévitables.

CANEVAS COMPARÉS :

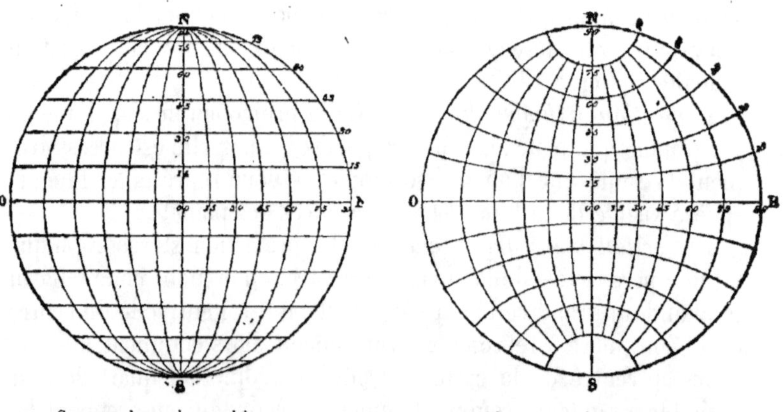

Canevas homalographique.   Canevas stéréographique.

Une des applications de la mappemonde *homalographique*, c'est que, si l'on trace sur cette carte des petits carrés égaux, par des lignes perpendiculaires entre elles, et qu'on compte le nombre des carreaux entiers et fractionnaires qui couvrent la mers et les continents, on aura immédiatement par là le rapport de l'eau à la terre pour notre globe entier ou pour les deux hémisphères séparément. La même construction donnera l'étendue superficielle des diverses contrées.

Le système *homalographique*, qui possède seul la propriété de donner des mappemondes à surfaces conservées telles qu'elles sont sur le globe, se prête encore plus facilement à la représentation des grandes divisions du globe par les cartes dites *cartes générales*, et enfin, comme nous l'avons déjà dit, aux *cartes particulières*.

FIN.

TABLE DES MATIÈRES

DU COURS ÉLÉMENTAIRE.

OBSERVATIONS GÉNÉRALES SUR LE GLOBE.

NOTIONS DE COSMOGRAPHIE.

FIN DE LA TABLE.

NOUVEAUX ATLAS
DE GÉOGRAPHIE
SYSTÈME HOMALOGRAPHIQUE
DE M. BABINET
MEMBRE DE L'INSTITUT (ACADÉMIE DES SCIENCES)

ATLAS UNIVERSEL DE GÉOGRAPHIE
Format écu in-folio, 39 sur 50 centimètres.

Contenant 25 Cartes gravées sur acier, coloriées avec soin. Cartonné. . 12 fr. 50
LE MÊME, édition de luxe. . . . . 15 fr.

NOUVELLE GÉOGRAPHIE PHYSIQUE ET POLITIQUE
1 volume grand in-18 jésus. — Cartonné. . . 2 fr. 50

ATLAS ÉLÉMENTAIRE DE GÉOGRAPHIE
Format écu in-folio, 39 sur 50 centimètres.

Contenant 12 Cartes gravées sur acier, coloriées avec soin. Cartonné. . . 6 fr. 50

COURS ÉLÉMENTAIRE DE GÉOGRAPHIE
1 vol. grand in-18 jésus. — Cartonné. . . 1 fr. 50

CARTE VENDUE SÉPARÉMENT. — 39 SUR 50 CENTIMÈTRES. — COLORIÉE, 75 CENT.

ATLAS CLASSIQUES DE GÉOGRAPHIE
Spécialement à l'usage des Lycées et autres établissements d'instruction publique
DRESSÉS CONFORMÉMENT AU DERNIER PROGRAMME OFFICIEL DE L'UNIVERSITÉ

CLASSE DE HUITIÈME ET SEPTIÈME, un Atlas de 12 Cartes, colorié, cartonné. . .			6 50
— SIXIÈME. . . . . . un Atlas de 9 Cartes, — —			3 »
— CINQUIÈME. . . . un Atlas de 10 Cartes, — —			3 50
— QUATRIÈME. . . . un Atlas de 7 Cartes, — —			4 »
— TROISIÈME. . . . un Atlas de 9 Cartes, — —			5 »
— SECONDE. . . . . un Atlas de 5 Cartes, — —			3 »
— RHÉTORIQUE. . . . un Atlas de 8 Cartes, — —			4 50

NOUVEAU COURS DE GÉOGRAPHIE
CORRESPONDANT AUX CLASSES DEPUIS LA HUITIÈME JUSQU'A LA RHÉTORIQUE
Volumes grand in-18 jésus, cart., de 75 cent. à 2 fr.

CARTES DE CABINET
Format jésus in-folio, 55 sur 72 cent.

MAPPEMONDE. — ÉTATS EUROPÉENS. — CONFÉ-
DÉRATION GERMANIQUE. — FRANCE PAR DÉPAR-
TEMENTS. — FRANCE, SES CANAUX ET CHEMINS
DE FER.

Ces magnifiques Cartes, gravées sur acier, coloriées avec le plus grand soin, accompagnées
d'une Notice in-folio, par M. BABINET. . 10 »
Chaque Carte séparément. 2 50

CARTES MURALES
Format, 1 m. 10 c. sur 1 m. 25

NAPPEMONDE en deux feuilles gravées sur
pierre, par hémisphère séparé. Chaque hé-
misphère est imprimé sur papier grand-
monde, de 1 m. 10 cent. sur 1 m. 25 cent.
Coloriés avec soin. Les deux feuilles. 12 »
Collés sur toile, avec gorge et roul. . 14 »
Les 2 hémisphères réunis en feuilles. 17 »
Collés sur toile, avec gorge et roul. . 24 »

PARIS. — IMP. SIMON RAÇON ET COMP, RUE D'ERFURTH. 1.